企业项目化
管理应用与实践

蔡鸿贤　胡致斌　编著

机械工业出版社
CHINA MACHINE PRESS

企业项目化管理是企业应对快速、复杂、多变和多样化市场及经济环境的有效手段，有效应用项目化管理将能极大降低企业管理成本、优化资源、提升科学的决策能力和组织凝聚力。本书创新性提出企业项目化管理蓝图，围绕项目化引论、企业项目化演进历程、项目化管理布局、项目化管理体系支撑和未来展望等方面，多角度、多维度、多层次、全方位阐述企业项目化管理实践，为企业跨领域、跨部门协同，柔性化组织，敏捷化响应，科学化管理提供项目化管理范式，助力企业在数字化时代降本增效、高质量发展、高效率运营。本书适合企业中高层管理人员、项目管理人员及项目管理专业师生等读者阅读。

图书在版编目（CIP）数据

企业项目化管理应用与实践／蔡鸿贤，胡致斌编著.
北京：机械工业出版社，2025. 6. -- ISBN 978-7-111
-78178-3

Ⅰ. F272

中国国家版本馆 CIP 数据核字第 2025LW1244 号

机械工业出版社（北京市百万庄大街 22 号　邮政编码 100037）
策划编辑：张星明　　　　责任编辑：张星明　陈　倩
责任校对：蔡健伟　张昕妍　责任印制：常天培
北京联兴盛业印刷股份有限公司印刷
2025 年 6 月第 1 版第 1 次印刷
170mm×242mm · 15 印张 · 180 千字
标准书号：ISBN 978-7-111-78178-3
定价：59.00 元

电话服务　　　　　　　　　网络服务
客服电话：010-88361066　　机 工 官 网：www.cmpbook.com
　　　　　010-88379833　　机 工 官 博：weibo.com/cmp1952
　　　　　010-68326294　　金 书 网：www.golden-book.com
封底无防伪标均为盗版　机工教育服务网：www.cmpedu.com

编　委　会

主　任

蔡鸿贤

副主任

胡致斌　林志和

成　员

李启煌　武奋前　肖　芬

林　赟　罗　澜　胡　婕

朱晶婷　倪　婧　杨丹丹

姜　琦　林　飔

前　言

随着大数据、人工智能、区块链、量子技术、生物工程等颠覆性技术的推陈出新，社会经济的转型升级全面加快。面对经济生态和形态的变革，企业的组织越来越柔性、经营方式越来越敏捷、管理方式越来越开放、工具方法越来越适配、团队形式越来越灵活，成熟、完善、系统的项目管理方法是企业应对竞争激烈的市场和瞬息万变的科技的首选。当前，虽然大部分企业在单项目、多项目（项目集）或项目投资决策（项目组合）方面的管理相对成熟，也建立了相关体系文件和信息化支撑系统，但对于如何从企业层面构建项目化管理框架，如何将企业战略目标、经营指标、职能任务及营销、研发、供应链、财务、人力、党建等管理活动化为项目，并以项目的形式开展管理，从而有效配置资源、高效运行、适变市场、降本增效，实现企业战略效能、效益和效果，仍有诸多迷茫和困惑。

《企业项目化管理应用与实践》一书旨在为读者提供一个全面、系统的企业项目化管理框架，帮助企业通过文化指引、战略驱动、计划引领、预算监控、项目实施、数字化支撑的模式，构建企业项目化管理体系，赋能企业经营管理能力，在经济增速放缓的环境下，找到突破困境的有效方法和手段。

本书主要分为三部分进行论述：

第一部分是企业项目化管理理论。本书首先介绍企业项目化管理的背景、概念、特征及其与项目管理、职能管理的关系，随后详细阐述企业项目化管理的演变历程，从传统项目管理到科学项目管理，再到项目集管理、项目组合管理，最终演进为企业项目化管理。第一部分为读者奠定坚实的理论基础，帮助读者理解企业项目化管理的核心思想和方法。

第二部分是企业项目化管理模型。本书提出企业项目化管理的"4520"模型，该模型包括4大层级（文化层、战略层、执行层和支撑层）、5大领域（企业项目化战略、全面计划管理、全面预算管理、项目化实施和项目化支撑要素）和20个模块。其中，5大领域和20个模块具体如下：

- 企业项目化战略：战略分析、战略规划、战略实施、战略管控。

- 全面计划管理：总控目标、综合计划、执行控制、调整变更。

- 全面预算管理：概算管理、预算管理、结算管理、绩效评价。

- 项目化实施：项目组合管理、项目集管理、单项目管理、运营管理。

- 项目化支撑要素：组织与治理、流程和制度、项目化人才培养、信息化和数字化平台。

通过"4520"模型，读者可以清晰地了解企业项目化管理的整体框架和运作原理，掌握如何将战略目标分解为具体的项目，并通过有效的资源配置和项目管理工具实现组织战略的落地。

第三部分是企业项目化管理实践。在这一部分，本书通过F公司的实际案例详细展示企业项目化管理在文化层、战略层、执行层和支撑层4个层次的具体应用。从项目文化的塑造到战略的分解与实施，再到项目的全面计划管理、全面预算管理、项目化管理，最后到企业项目化管理的基础支撑保障，本书提供了丰富的实践经验和操作指南，帮助读者将理论应用于实际工作。

通过阅读本书，读者将能够：

● 理解企业项目化管理的核心概念和理论框架。

● 掌握如何将企业战略目标分解为具体可操作的项目，并通过项目化管理实现战略落地。

● 掌握如何通过全面计划管理和全面预算管理优化资源配置，提升企业运营效率，达到降本增效。

● 掌握如何通过项目组合管理、项目集管理和单项目管理实现多项目的协同与高效执行。

● 熟悉在开展企业项目化管理实践过程中需要提前准备的基础支撑保障条件。

● 借鉴 F 公司的成功经验，结合自身企业的实际情况，推动企业项目化管理的实施，助力企业增强韧性适变，推动转型升级。

无论您是企业的投资者、管理者、咨询师，还是企业的职能经理、产品经理、项目经理，或者是对项目管理感兴趣的学者和从业者，本书都能为您提供宝贵的理论指导和实践参考。

让我们一起开启企业项目化管理的探索之旅，共同推动企业的转型升级与创新发展！

蔡鸿贤　胡致斌

2025 年 3 月

目　录

第一部分

企业项目化管理理论

第1章　企业项目化管理概述

1.1　企业项目化管理背景

在当今的商业环境中，企业所面临的挑战和机遇前所未有。市场环境的快速变化、技术的持续革新及客户需求的日益多样化，共同催生了一个充满不确定性和动态竞争的新时代。在这个时代背景下，企业传统的单项目管理模式显露其固有的局限性，而企业项目化管理作为一种全新的管理理念和实践，逐渐成为企业转型升级、提升竞争力的关键所在。

1. 市场环境

全球化和信息化的浪潮推动了市场的快速融合与竞争的加剧。企业不仅需要在本土市场保持竞争力，还需要在全球范围内应对来自不同国家和地区的竞争。市场的多变性要求企业具有快速适应和响应市场变化的能力，而传统的单项目管理模式往往只能针对特定的问题或机会，缺乏对市场整体变化的把握。企业项目化管理则提供了一种全局性视角，它通过将企业的各项经营管理活动项目化，助力企业更加灵活地调整策略，迅速抓住市场机遇，有效应对市场挑战。

2. 技术变革

随着大数据、人工智能、云计算等新技术的飞速发展，企业所处的技术环境正在经历前所未有的变革。这些新技术不仅改变了企业的生产方式和经营模式，还重塑了企业与消费者、供应商之间的关系。在单项目管理模式下，企业往往难以将这些新技术有效地整合到各个业务领域，导致技术应用的碎片化和低效率。企业项目化管理则能够从企业层面上整合技术资源和能力，推动新技术的快速应用和深度融合，从而提升企业的市场竞争力。

3. 客户需求

客户需求的多样化和个性化对企业提出了更高的要求。在消费升级的背景下，客户对产品和服务的要求越来越高，企业需要不断满足甚至引领客户需求。传统的单项目管理模式往往难以同时满足多类型、多变化和复杂度高的客户需求，因为它缺乏多领域、多项目的统合综效。企业项目化管理能够帮助企业更好地理解和把握客户需求，通过企业层面跨公司、跨部门的协同合作，为客户提供更加符合其需求的解决方案。这种以客户为中心的企业项目化管理模式，有助于提升客户满意度和忠诚度。

4. 企业需要

（1）企业战略发展的需要。企业项目化管理有助于企业实现战略目标，通过项目化运作将战略目标分解为可操作的具体项目，确保战略落地。

（2）企业组织结构变革的需要。企业项目化管理要求企业打破部门壁垒，实现跨部门、跨专业的协同作战，从而推动组织结构的优化。

（3）企业资源优化配置的需要。在传统的管理模式下，企业资源分散在各个部门，难以实现高效利用。而企业项目化管理通过对企业所有经营管理活动进行项目化运作，实现了资源的统一调度和优化配置。这有助于降低企业运营成本，提高资源使用效率。

（4）企业文化重塑的需要。企业项目化管理强调团队协作、创新精神和执行力，有助于培育积极向上的企业文化。

总之，企业项目化管理是在市场环境、技术变革和客户需求等多重因素作用下应运而生的一种管理模式。它以其独特的优势，帮助企业应对挑战、抓住机遇，实现可持续发展。在新的市场环境下，企业项目化管理将成为企业转型升级的重要推动力。

1.2　企业项目化管理概念

企业项目化管理这一概念并不是由某个特定的人物明确提出的，而是随着项目管理理论的发展逐渐形成的。它的起源可以追溯到 20 世纪末期，随着项目管理在各个领域的应用和发展，企业项目化管理逐渐成为一种管理思想和方法。

1. 国际企业项目化管理早期实践

1991—1993 年，IBM 公司经历了严重的业绩下滑，于是引入了新的总裁郭士纳。郭士纳在进行了一轮业务流程重组后认识到："为了更好地发挥业务流程重组的作用，还需要另辟蹊径重振公司的业务。"因此，IBM 公司在 1996 年 11 月 19 日宣称将公司变革为企业项目化的组织，并将项目管理作为公司的核心竞争力，以实现组织变革的目标。在 IBM 公司的这次变革中，最重要的方面就是成立了企业项目化管理中心。

2. 国内企业项目化管理早期实践

2002 年，原天津天士力制药股份有限公司总经理李文在中国（首届）

项目管理国际研讨会上做了题为《企业项目化管理》的报告，阐述了企业研发、生产、物流、营销、行政管理等工作的企业项目化管理运营模式，以及此模式的应用和实践范式。

3. 企业项目化管理定义

企业项目化管理（Enterprise Projectification Management，EPM）指将项目管理的理念、方法和技术系统地应用于企业所有的业务活动，通过项目化的方式组织、规划和控制工作，以提高组织的灵活性和适应性，有效实现企业战略目标。

企业项目化管理基于企业经营的视角，从企业战略出发，以企业价值最大化为目标，组建企业级的项目管理体系，推行项目化管理，实现内外部资源优化整合，及时把握市场和客户需求的变化，做到快速反应、知情决策、精准执行，最终实现企业的战略目标和经营目标。

企业项目化管理兼具"企业化"和"项目化"的特点，一方面充分发挥了"项目化"快捷高效模式的作用，另一方面突显了"企业化"在人才培养、制度与文化建设方面的优势，同时在一定程度上解决了"项目化"的临时性和"企业化"的运营效率问题。企业项目化管理可以实现企业效益最大化，同时提供企业可持续发展的保障和手段。

企业项目化管理运作过程是基于企业战略的角度，先将企业战略目标进行分解，对分解后的目标进行综合计划管理和全面预算管理，通过综合计划和全面预算核准进入项目储备库，对入库项目进行资源配置和项目团队组建，由各项目团队明确项目目标，再将项目目标进行节点细化，对各节点落实到人、明确职责，根据职责开展考核评价，依据考核评价结果实施激励，以形成全过程运作闭环，从而实现"战略分解化、分解两全化、两全项目化、项目团队化、团队目标化、目标节点化、节点责任化、责任考评化、考评激励化"的长期性、全流程、全业务覆盖的新型组织管理模式。

1.3　企业项目化管理特征

企业项目化管理是企业管理与项目管理理念与方法的融合和延伸，用项目对企业进行管理，既能对复杂多变的外界环境进行及时响应，又能系统整合内部资源。企业项目化管理主要具有以下 5 个方面的特征。

1. 科学性

企业项目化管理采用科学和成熟的项目管理方法论。例如，涉及单项目管理的《项目管理知识体系指南（PMBOK®指南）》《过程组：实践指南》《敏捷实践指南》；涉及多项目管理的《项目集管理标准》《项目组合管理标准》；涉及组织级项目管理的《组织级项目管理实践指南》《组织变革管理实践指南》等，为企业项目化管理提供了科学的指导和理论依据。

2. 高效性

企业项目化管理通过精确的资源规划和分配，减少浪费，优化资源配置，提高资源利用效率。

3. 统筹性

企业项目化管理通过统筹企业战略规划与项目计划的衔接，确保企业战略实施落地。

（1）统筹项目工作和运营工作的有效协同。在企业项目化管理过程中，统筹项目和运营活动之间相辅相成与相互支撑的关系。

（2）统筹项目之间的协同。企业能够同时管理多个项目，统筹项目之间共用的资源和工具方法。

（3）统筹跨部门之间的资源配置。打破组织壁垒，通过跨职能团队实现资源的有效配置和整合。

4. 韧性

企业项目化管理通过不断优化项目管理实践，提升企业的适应性和学习能力，使企业能够快速响应外部环境的变化，灵活调整项目方向和策略，增强组织的适应性和韧性。

5. 兼顾性

一方面，企业项目化管理整合组织内的共性资源，包括财务管理、物资管理、人力资源管理和信息化管理等共性要素，建立公共职能部门，在管理上实行"一人多责"统筹管理，体现共性管理集约化的特点；另一方面，由于项目所需专业技术的特殊性，企业项目化管理针对具体的项目实施，为每个项目管理步骤及工作指定相应的人员负责，在管理上实行"专人专责"差异化管理，体现个性管理差异化的特点。总之，企业项目化管理既兼顾共性资源的支撑，又考虑个性资源的发挥。

1.4　企业项目化管理要点

企业项目化管理涉及企业管理模式的全面创新，覆盖面广，参与员工多。要实施好企业项目化管理，应注意以下6个要点。

1. 清晰的战略目标

企业项目化管理是从战略的高度自上而下地推动，助力企业战略目标的实现，因此，需要企业决策层、管理层、执行层对实施企业项目化管理的广度和深度的目标达成共识。企业项目化管理是对多项目的管理，在同一时间内可能会有多个项目需要完成，因此，如何经济、有效地同时管理好众多的项目是企业项目化管理的核心问题，它关注的是企业项目所有项目目标的实现。无论是企业项目的选择、项目资源的获取、项目过程的实施，还是项目的后评价，都始终以企业战略为根本出发点。

2. 高效的组织保障

企业项目化管理中的项目按来源可以分为总公司项目、分公司项目、地市分公司项目、部门项目等，不同层级的项目要有不同的组织层级对应管理。项目组织形式主要有职能型、矩阵型和项目型，大多数企业的现有组织结构是按职能设置的。因此，在推行企业项目化管理时需适配相应的组织结构。例如，针对总公司项目和分公司项目，因项目的重要性和复杂度，通常采用项目型组织"专人专岗"集中管控的模式；针对地市分公司项目和部门项目，因项目涉及多专业参与，通常适配矩阵型组织，采取由项目需求单位为主导、由其他单位或部门提供支撑、由第三方实施监管的管理模式。同时，在各层级的组织中，可以设置项目化管理中心，保障企业项目化管理高效运行。

3. 完善的流程和制度

完善的流程和制度是实施企业项目化管理的关键要素之一，为企业项目化工作提供了明确的指导步骤，确保项目按照既定的路径推进，减少混乱和不确定性。

大多数企业虽然对单项目都具有较为完善的流程和制度，提供了企业项目化管理的基础，但无法满足企业项目化管理全过程的需要，如项目的分类分级管理、项目优先级排序、所有项目的风险集中管控，以及项目间的依赖关系管理、多项目间的资源调配、整体价值和收益的监控等。因此，企业项目化管理需要在原来的单项目管理流程、项目集管理流程和项目组合管理流程的基础上，从企业层面补充完善相应的流程和制度。

4. 有效的人才支撑

企业项目化管理离不开专业的人才队伍支撑。企业项目化管理人才不仅需要具有专业的单项目管理知识和能力，还需要具有战略和商业思维、统筹规划能力，以及较强的跨组织、跨部门的沟通协调能力和推动组织变革的能力。企业应重视企业项目化管理人才的培养，提升员工的项目化管理能力，为企业项目化管理的顺利实施提供有效的人才支撑。

5. 完备的信息化系统

信息化是企业项目化管理的重要手段。企业项目化管理过程中涉及的项目类型众多，跨组织、跨部门协作频次较高。为有效地协调、推进项目进度和监督项目状态，企业应构建完善的项目化管理信息系统，如项目规划管理系统、项目预算管理系统、项目物资管理系统、项目进度管理系统、项目资源配置系统等，通过企业项目化管理信息系统实现项目信息的实时共享、进度监控和资源调配，提高项目管理效率，降低沟通成本。同时，利用大数据、人工智能等技术对项目数据进行深入分析，为项目决策提供有力支持，为数字化和智能化项目管理奠定基础。

6. 适宜的项目文化

项目文化是一家企业独特的精神和风格、道德观和行为规范的综合体现。在实施企业项目化管理的过程中通过强调对事负责的文化，形成团队成员之间主动协同的氛围，鼓励成员之间加强互动和沟通，增进团队成员之间的信任，同时促进团队力出一孔，形成凝聚力、驱动力和向心力。

1.5 企业项目化管理价值

企业项目化管理之所以重要，是因为它能够为企业带来以下 5 个方面的重要价值。

1. 有利于实现组织战略目标

企业项目化管理是连接战略目标与项目目标的桥梁，对于推动企业实现战略目标具有至关重要的意义。通过将战略目标细化为具体的项目，企业可以更好地管理和控制项目的执行进度和成果，确保项目与企业战略目标一致，提高项目成功和战略目标实现的概率。此外，企业项目化管理推动各部门围绕共同的战略目标协同工作，提高了战略执行的效率。

2. 有利于提高组织运行效率

实施企业项目化管理对于提高组织运行效率有重要意义。在企业项目化管理中，企业经营管理活动以项目形式开展，由于每个项目都有明确的目标、范围、任务和责任，每个团队成员都清楚地知道自己需要完成的任务，可提高个人工作效率；同时，企业项目化管理通过有效的沟通和协调，确保每个团队成员统一沟通语言、统一管控方法，在正确的方向上做正确的事，避免重复工作或者遗漏重要任务，提高团队协作效率。

3. 有利于降低项目成本

实施企业项目化管理对于降低项目成本有显著作用。在企业项目化管理中，可以更好地规划和分配资源，避免资源浪费。例如，不仅可以通过明确的项目规划和预算匹配避免发生超预算，还可以通过有效的综合调配与统筹安排确保进度，避免项目延期或返工而产生的额外成本。

4. 有利于提升客户满意度

实施企业项目化管理对于提升客户满意度具有显著价值。由于市场环境多变、客户需求多样，为精准把握客户需求、迅速响应客户诉求，企业项目化管理将客户需求以项目形式交付，并按时、保质快速实现，有效提升客户体验，建立良好的市场声誉，提高客户忠诚度，为企业带来持续的业务增长和竞争优势。因此，企业项目化管理是提升客户满意度、构建长期客户关系的有效途径。

5. 有利于驱动创新

实施企业项目化管理对于驱动创新具有至关重要的意义。企业项目化管理为企业提供了一个创新实践的平台，以项目的形式鼓励企业尝试新想法和新技术，通过项目的形式对创新活动进行管控，确保创新活动顺利推进，同时提高创新的效率和效果。企业项目化管理采用开放的组织形式，重塑组织管理模式，激发团队成员的积极性和创新性，打破常规的思维模式和工作流程，激发员工的创造力，继而推动企业在产品、服务和管理上的创新。此外，企业项目化管理的文化、流程、方法、知识和能力等，也有助于提高企业创新工作的协同效应、效能和效率。

1.6　企业项目化管理与项目管理的关系

企业项目化管理与项目管理之间既有紧密联系，也有明显区别。

1. 两者联系

项目管理是企业项目化管理的基础。企业项目化管理培植了项目管理的土壤和文化，构建了组织环境，完善了流程和制度，提供了人才支撑，为项目管理提供了保障。项目管理是"鱼",企业项目化管理是"水",两者的运作就是如鱼得水。

2. 两者区别

企业项目化管理与项目管理的区别详见表1-1,包括主要理论依据、目标、原则、方法论和关注重点5个方面。

表 1-1　企业项目化管理与项目管理的区别

区别	企业项目化管理	项目管理
主要理论依据	《组织级项目管理实践指南》《组织变革管理实践指南》《项目组合管理标准》《项目集管理标准》	《项目管理知识体系指南（PMBOK®指南）》《过程组：实践指南》《敏捷实践指南》
目标	实现组织战略	实现单个项目目标
原则	以项目形式对企业经营活动进行管理	以项目目标为导向,通过五大过程组和十大知识领域开展管理
方法论	组织级管理方法论,组合管理方法论,项目集管理方法论	单项目管理方法论
关注重点	组织变革与战略目标实现	人员、过程和环境

1.7　企业项目化管理与职能管理的关系

在企业项目化管理中,为发挥组织的活力、开放、柔性、韧性等优势,多数项目采用矩阵型组织形式开展工作,有效整合各职能部门资源,横向协同以提升资源使用效率。

在企业项目化管理实施过程中,离不开跨职能部门的支撑。例如,在科研项目中需要市场、研发、制造、财务、采购、销售、法务等职能部门的支撑；在工程建设项目中需要现场施工管理、采购管理、费用控制、质量管理等部门的支撑；在信息化系统建设项目中则需要整合需求、开发、测试、系统集成、运营维护、采购和项目管理中心的支撑。

　　企业项目化管理离不开职能部门的支撑，职能部门工作的项目化运作也离不开企业项目化管理的指导；企业项目化管理为职能部门的业务项目化管理营造良好的外部环境，职能部门是企业项目化管理践行与落地的基本单元；职能部门精进项目管理进一步为企业项目化管理奠定基础。企业项目化管理与职能管理之间既有密切关联，又有一定差异，其异同点比较详见表 1-2。

表 1-2　企业项目化管理与职能管理异同点比较

异同点		企业项目化管理	职能管理
不同点	管理方式	按项目形式对企业经营管理活动进行管理	根据企业战略提供专业支撑
	组织形式	开放组织，按角色管理	固定组织，按岗位管理
	人员构成	跨部门、跨专业	本专业
	流程体系	柔性流程	稳定程序
	评价维度	进度、成本、质量、满意度等维度	岗位任务完成情况
	汇报关系	多头汇报：客户、项目经理、职能经理	直接领导或主管
	周期时间	临时性	重复性
	知识技能	项目管理、商业分析	专业知识
相同点	战略目标一致	支撑组织战略	
	实施主体一致	人	
	管理过程一致	计划、执行、监控	

第 2 章　企业项目化管理历程

企业要实现项目化管理，通常不能一步到位，它是一个不断演进完善、循序渐进的过程，大致可划分为 5 个阶段，包括传统项目管理、科学项目管理、项目集管理、项目组合管理和企业项目化管理，如图 2-1 所示。

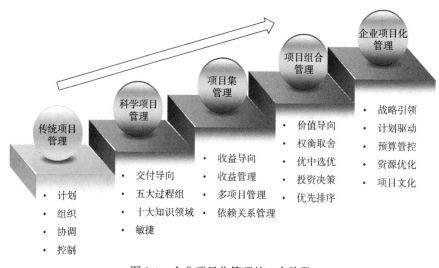

图 2-1　企业项目化管理的 5 个阶段

以下对企业项目化管理的 5 个阶段进行分析。

2.1　传统项目管理

传统项目管理源于工业革命期间的工程管理，以工程项目为主导，侧重于计划、组织、协调和控制 4 个方面，强调按计划开展工作，重点关注进度、成本、范围等因素。从管理角度来讲，传统的项目管理更关注"生产效率"，重视组织和控制，强调利用职权完成工作，更注重过程管理。传统项目管理主要应用甘特图、计划评审技术、关键路径法等管理工具和技术。

传统项目管理通常强调"多、快、好、省"。其中，"多"指项目范围，"快"指进度、时间计划，"好"指质量，"省"指成本。传统项目管理阶段的特点，是在范围明确的前提下，估算时间和成本，完成项目目标。在这一阶段，项目管理方法的应用基本等同于工具的应用，尚未形成系统的项目管理方法论和知识体系。

2.2　科学项目管理

科学项目管理起源于 20 世纪 80 年代，以项目管理协会（PMI）推出的世界上第一个项目管理知识体系——PMBOK 为标志，从原来的粗放型传统项目管理逐步提升到规范化和科学化的项目管理。通过不断的实践和总结，PMI 的项目管理知识体系指南（PMBOK®指南）也得以极大丰富和发展，包括五大过程组和十大知识领域。科学项目管理阶段的特点是包括启动、规划、执行、监控和收尾五大过程组，以及整合、范围、时间、成本、质量、资源、沟通、风险、采购、利益相关方十大知识领域。科学项目管理主要应用 WBS 工作分解结构、挣值管理等工具，更关注利益相关方满意度和项目收益。

20 世纪 80 年代，我国福建水口水电站工程建设采用世界银行贷款，并全面引入科学项目管理方法。原福建省电力工业局为该项目的业主单位，福建水口水电站工程建设公司为该项目的建设管理单位，并代业主履行项目监理和建设管理职责。业主单位采用世界银行的采购导则进行国际招标，最终由华联公司（闽江工程局、水电十二局、水电四局）与日本前田工业建设株式会社组成的华田联营工程公司中标工程总承包商。业主单位、福建水口水电站工程建设公司会同工程总承包商采用科学项目管理方法进行工程建设管理。1987 年 3 月，水口水电站大坝主体工程正式开工。1993 年 8 月，首台机组成功发电，工期提前了 11 个月，实现了国家工期考核的提前。

水口水电站工程采用"五制"（项目法人制、项目招投标制、合同管理制、工程监理制和资本金制）模式，为我国电力建设工程项目体制改革提供了范式。随着科学项目管理方法的推广和实践，我国的项目管理水平也从传统项目管理走向了科学项目管理。

2.3 项目集管理

前面两个阶段都是针对单项目管理。随着社会的发展，各类项目日益复杂化，对项目管理提出了更高的要求。对于一些复杂的大型项目，如果仍采用传统的单项目管理方法，无法解决多项目之间的资源冲突问题，以及多项目之间财务、技术、利益相关方、生产设备等各方面要素的依赖关系问题。在这种形势下，项目集管理的方法应运而生。项目集管理是将多个相互关联的项目集合在一起管理，以实现更大效益的一种管理方法。

F 公司是一家电力能源企业，其跨省联网输变电工程项目就是采用项目集管理方法并取得成功。该变电工程项目不但包括输电线路、变电站和换流站工程等多个项目，而且涉及国家电网和南方电网两家公司，复杂程度高，管理难度大，是一个典型的大型复杂项目，采用项目集管理方法较好地解决了跨公司和跨项目资源统筹协调的问题。

项目集管理的特点是更侧重多项目的群组管理，有助于跨项目共享资源，减少资源浪费，提高资源利用效率。在项目集管理中，通过对项目依赖关系进行管理，可有效控制项目整体风险，促进项目之间的协同工作，使项目成果能够互相支持和增强，从而实现"1+1>2"的效果。

2.4　项目组合管理

企业的发展，并不仅仅是为了把单个项目做好，更重要的是实现企业的战略目标。在项目管理过程中，基于战略的项目投资决策，以上三个阶段的项目管理方法无法有效支撑。为了有效实现企业的战略目标，需要采用项目组合管理的方法，以实现权衡取舍，优中选优，合理配置资源。

项目组合管理阶段的特点，是更侧重实现组织战略。项目组合管理一方面要确保所有项目都与组织的愿景、使命和战略目标保持一致，另一方面要通过评估项目的战略重要性和资源需求帮助组织优化资源分配，确保关键项目得到必要的资源支持。

例如，F 公司目前的项目管理涉及项目组合管理。首先，把项目列入项目储备库；其次，对项目储备库中的所有项目进行价值评定；然后，根据项目对企业贡献价值大小对项目进行排序；最后，与预算进行匹配，确定每年计划建设的项目。

项目组合管理提供了一个用于评估和选择项目的框架，确保决策是基于项目的战略价值和可行性。优先考虑那些具有高回报的项目，有助于提高企业的整体财务收益。

2.5　企业项目化管理

相较项目组合管理而言，企业项目化管理的范围更广。企业项目化管理是从组织战略角度，将企业中的经营管理活动以项目的方式纳入管理。企业项目化管理冲破了传统的管理方式和界限，其主导思想是基于组织的角度把经营管理活动当作项目进行管理。企业项目化管理以市场为导向，以项目为中心，是当今及未来企业应对复杂多变的市场环境的一种新型组织管理模式。

当前，F 公司为了实现组织战略目标，正在积极推动组织变革和数字经济转型升级，以实现在新质生产力环境下企业高质量发展的目标。F 公司经过项目管理的实践和迭代，已全面开启企业项目化管理的探索和应用，并取得了一定成效。

第二部分

企业项目化管理模型

第3章 企业项目化管理"4520"模型

3.1 企业项目化管理"4520"模型概述

随着科学技术特别是信息技术的迅猛发展，时代发展的节拍越来越快。企业为了生存和发展，一方面要应对外部市场环境变化对企业的影响，另一方面要应对来自竞争对手的挑战。要想更好地适应经济大环境，在激烈的竞争中脱颖而出，企业需做出相应的变革。

F公司经过多年项目管理应用和提炼总结，在业内率先探索并实践了企业项目化管理，形成了企业项目化管理模型，对电力行业企业具有较高的参考价值。企业项目化管理模型由4大层级、5大领域、20个模块组成，简称"4520"模型。"4520"模型如图3-1所示。

4大层级包括文化层、战略层、执行层和支撑层。

5大领域包括企业项目化战略、全面计划管理、全面预算管理、项目化实施和项目化支撑要素。

20个模块包括以下内容：

（1）企业项目化战略。战略分析、战略规划、战略实施、战略管控。

（2）全面计划管理。总控目标、综合计划、执行控制、调整变更。

（3）全面预算管理。概算管理、预算管理、结算管理、绩效评价。

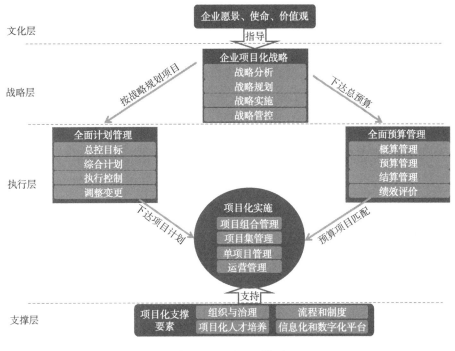

图 3-1　"4520" 模型

（4）项目化实施。项目组合管理、项目集管理、单项目管理、运营管理。

（5）项目化支撑要素。组织与治理、流程和制度、项目化人才培养、信息化和数字化平台。

3.2　企业项目化管理运作原理

在 "4520" 模型中，4 大层级、5 大领域、20 个模块之间不是孤立运行的，而是相互作用、相互影响的。

1. 文化层指引

文化层中的企业愿景、使命和价值观位于模型的最顶层，为企业项目化管理实施提供了精神指引。企业愿景是基于远见和明智的洞察力，指引企业项目化管理最理想的未来状态。使命作为一家企业信条、哲学、宗旨和企业信念的陈述，指引企业项目化管理要完成的组织任务。价值观是组织为了实现愿景和完成使命所坚持的原则，为企业项目化管理提供管理行为原则。

2. 战略层方向

战略层中的企业项目化管理战略为企业项目化实施制定了目标和方向。战略是为实现期望的未来而做出规划，并说明企业项目化管理应如何分析宏观、中观和微观环境，有效配置和优化资源、技能和能力，以形成竞争优势。通过对战略的分析、规划、实施和管控，构建企业项目化管理战略。

3. 执行层中的全面计划管理

根据组织战略目标，将中长期战略目标分解到年度综合计划，依据年度综合计划的年度总控目标规划相应项目，并将项目中本年度实施的项目工作范围纳入年度工作任务。对于跨年度的项目，需按年度编制项目工作计划。具体运作原理如下：根据总控目标，针对申报项目进行初步可行性研究评审，评审通过后入项目前期库；入项目前期库后对项目进行现场勘察，开展详细可行性研究评审，评审通过后进入项目储备库；为项目储备库中的项目匹配相应的成本预算，项目及成本预算获得批准后进入正式实施管控阶段。在实施管控阶段，需求单位可根据实际情况提出计划的调整和变更。

4. 执行层中的全面预算管理

企业项目化管理中的全面预算从项目可行性研究评审通过之后的概算开始，至项目绩效评价结束，共分为概算管理、预算管理、结算管理和绩效评价 4 个部分。其中，项目概算是在项目详细设计完成后形成的项目初步估算；项目预算是在项目实施计划编制完成后形成的项目基准预算；项目结算是在项目完工后完成的与外部单位的合同收尾和财务结算；项目绩效评价是将项目执行的实际情况与原基准预算进行对比形成的范围、进度和成本绩效偏差，为下一步的项目后评估奠定基础。

5. 执行层中的项目化实施

执行层中的项目化实施包含以下 6 个要点：

（1）企业项目化实施的开始。全面计划管理中的储备库项目需与全面预算进行匹配，以确保项目预算在总控目标范围内。项目任务下达后，则进入项目化实施和管控过程。

（2）企业项目化管理方式的选择。根据项目的规模、复杂度、管理要求等因素，选择相适应的项目管理方式，如项目组合管理、项目集管理或单项目管理。

（3）项目组合管理。项目化实施中的项目必须与企业战略保持一致，动态开展组合评审，调整项目优先排序，优化资源配置，提供参考决策信息。

（4）项目集管理。根据项目规模和项目之间的关联关系，对储备库中的项目进行群组管理或多项目管理。

（5）单项目管理。根据需求的不确定性程度和技术复杂程度，选择相适应的单项目管理方法。例如，工程类项目需求比较明确，采用预测型项目管理方式；数字化类项目需求不明确，采用敏捷型项目管理方法。

（6）运营管理。从项目全生命周期角度来看，项目团队需要关注项目结束后的投产运营，同时还需要获得各专业部门的支撑。

6. 支撑层保障

支撑层主要为企业项目化实施所需的组织、人才、流程、制度，以及信息化和数字化平台提供保障，支撑企业项目化战略、全面计划管理、全面预算管理和项目化实施。只有企业项目化管理的支撑体系完善，才能保障企业项目化管理顺畅运行。

第 4 章　企业项目化管理文化层

4.1　项目文化概念

项目文化是在一个项目团队中形成的共同价值观、信念、行为准则和工作方式的总和。它是项目实施过程中团队成员在相互合作、交流与沟通中逐渐形成的，对项目的成功实施起着至关重要的作用。项目文化不仅影响团队成员的工作态度和行为，还影响项目的效率和成果。

项目文化通常包括以下 5 个方面：

（1）项目愿景。项目愿景是一个组织希望项目未来达到的状态。它是项目追求的目标，为项目提供了发展方向和动力。

（2）项目使命和价值观。项目使命是项目存在的理由和目的，它描述了项目所从事的业务、服务对象、产品或服务及追求的目标。项目价值观是项目团队所坚持的基本信念和原则，是项目文化的基石，指导项目行为和决策。

（3）项目理念与精神。项目理念是项目实施过程中项目团队所信奉的哲学，它体现了项目团队对内外部环境的认知。项目精神是项目团队在长期项目实践中形成的，激励项目团队积极进取、奋发向上的精神状态和风貌。

（4）项目口号与氛围。项目口号是用来传达项目核心价值观、品牌承诺或市场定位的简短有力的语句。项目氛围是项目团队对项目内部环境的整体感知，包括工作环境、人际关系、沟通方式、价值观认同等方面。

（5）项目行为准则。项目行为准则是项目团队成员在项目实施过程中遵循的行为规范，如尊重他人、守时、礼仪、会议规则等。

良好的项目文化能够提高团队成员的凝聚力和士气，促进项目的顺利进行。如果项目文化缺失则可能导致团队矛盾、效率低下甚至项目失败。因此，企业项目化管理应重视塑造和培养积极的项目文化，以推动项目的成功实施。

4.2 项目文化作用

项目文化的作用主要体现在以下 6 个方面：

（1）增强团队凝聚力。项目文化能够增强团队成员之间的认同感和归属感，从而形成团队凝聚力，使成员在面对挑战时能够更加团结协作。

（2）提高工作效率。项目文化有助于团队更好地形成"对事负责"的行为准则，有助于明确团队成员的角色和职责，减少误解和冲突，从而提高工作效率。

（3）促进沟通与协作。良好的项目文化鼓励开放和有效的沟通，促进团队成员之间的协作，有助于问题的及时解决和高效决策。

（4）塑造积极的的工作环境。项目文化有助于团队营造一个积极、支持性的工作环境，提高团队成员的工作满意度和忠诚度。

（5）推动项目持续改进。鼓励创新和适应性的项目文化有助于团队成员灵活应对变化和不确定性，从而推动项目的持续改进。

（6）吸引和留住人才。良好的项目文化有助于团队营造和谐、宽松、愉悦的工作环境与氛围，有利于吸引和留住核心人才。

项目文化能够将团队成员的外驱力变成内驱力，有助于团队成员的个人发展和职业成长。团队成员为了共同的项目愿景和使命，能够积极主动地贡献自身价值，助力企业推行项目化管理，助力项目结出硕果。

4.3　项目愿景

项目愿景是项目文化的核心组成部分，为利益相关方提供清晰的方向和动力。

项目愿景通常包括以下 4 个方面：

（1）项目目标。明确项目的最终目标，如产品交付、服务完成或目标达成等。

（2）期望成果。描述项目成功实施后预期达到的成果，如客户满意度高、市场占有率高、财务回报高等。

（3）长期影响。展望项目可能对组织、客户、市场或社会产生的长期影响和做出的贡献。

（4）个人和团队成长。描绘项目实施过程中个人和团队技能、知识和经验的提升。

4.4 项目使命与价值观

项目的使命和价值观是项目文化中的关键要素，它们为项目的实施提供了指导原则。

1. 项目使命

项目使命是项目存在的根本原因和目的，它回答了"我们为什么要做这个项目"。项目使命通常与组织的整体使命和战略目标一致，它定义了项目在实现组织目标中的作用和价值。

项目使命包括以下 4 个方面：

（1）项目目的。项目旨在解决的问题或满足的需求。

（2）目标受众。项目的主要受益者或客户群体。

（3）业务领域。项目在组织内部或市场中的定位。

（4）预期成果。项目成功实施后预期达到的效果。

2. 项目价值观

项目价值观是在项目实施过程中遵循的一系列原则和信念，它是项目团队在决策和行动时所参照的标准，是项目成功的基石。

项目价值观回答了"我们如何做这个项目"这一问题。价值观通常包括团队合作、诚信、创新、质量、客户满意等原则，它们影响着项目团队的决策、沟通和工作方式。

项目价值观包括以下 5 个方面的内容：

（1）诚信透明。在项目中保持诚信和透明，确保信息的真实性及及时性。

（2）以客户为中心。始终将满足和超越客户期望作为项目工作的核心动力。

（3）尊重多元文化。认可并尊重团队成员的多样性，包括文化、经验和技能。

（4）责任担当。每个团队成员都应承担自己的责任，对项目成果负责。

（5）追求卓越。在项目管理和执行上追求卓越，不断提高标准和质量。

项目使命和项目价值观共同构成了项目文化的底座，它们为项目的实施提供了明确的方向和行为准则。项目管理者应该确保项目的使命和价值观得到团队成员的广泛认同，并在项目的整个生命周期贯彻和实践。

4.5　项目理念与精神

项目理念和精神是项目团队在项目实施过程中所秉持的核心信念和工作态度。这些理念和精神是项目文化的精髓，影响项目团队的每个成员，指导他们的行为和决策，并关系到项目成功与否。

1. 项目理念

项目理念通常包括以下 5 个方面的内容：

（1）共同目标。强调团队共同追求项目的最终目标，而不是个人利益。

（2）合作共赢。倡导与所有利益相关方建立合作关系，实现互利共赢。

（3）灵活适应。在项目实施过程中保持灵活性，以适应不断变化的环境和需求。

（4）创新驱动。鼓励创新思维和方法，以创新推动项目的持续发展。

（5）社会责任。确保项目推进的同时，承担社会责任。

2. 项目精神

项目精神体现在团队成员面对挑战和困难时所展现出的态度和行动，包括以下 5 个方面的内容：

（1）积极主动。团队成员主动承担责任，自发地采取行动，而不是一味被动地等待命令。

（2）开拓创新。团队成员勇于探索未知，为项目创造新价值，开发新的业务领域。

（3）持续学习。团队成员致力于不断学习和提升个人技能，以适应项目的需求。

（4）相互尊重。团队成员之间相互尊重，尊重他人的意见和贡献。

（5）承诺和奉献。团队成员对项目目标的承诺，愿意为项目的成功付出额外的努力。

项目理念和精神是项目文化的核心，为项目团队提供了共同的目标和方向，增强了团队的凝聚力，提高了团队的工作效率。

4.6 项目口号与氛围

项目口号与氛围是项目团队文化的重要组成部分，能够激励团队成员，增强团队凝聚力，并营造积极的工作环境。项目口号是项目对外宣传的"声音"，项目氛围则是项目团队内部的"气息"，两者相辅相成，共同构建了企业的文化形象。

1. 项目口号

项目口号是一种简洁有力的语言表达，它概括了项目的愿景、核心理念、价值观或精神。项目口号通常易于记忆，能够激发团队成员的共鸣，提高士气和动力。项目口号一般在项目启动阶段由团队成员共同制定。

项目口号主要包括以下 6 个方面的内容：

（1）愿景口号。简明扼要地表达项目愿景，如"共筑梦想，创造未来"。

（2）核心价值观口号。反映项目团队所坚持的核心价值观和原则，如"诚信、创新、卓越、共赢"。

（3）精神口号。强调团队合作的重要性，鼓励团队成员之间的协作和支持，如"团结协作，共铸辉煌"。

（4）目标口号。用一句简练易记的短句描述项目目标或质量目标，如"艰苦奋斗，勇争第一""质量第一、安全第一"。

（5）服务口号。表达对客户的尊重和对服务质量的高度重视，如"客户至上，服务至上"。

（6）行动口号。鼓励团队成员采取行动，强调执行力的重要性，如"立即行动，高效执行"。

2. 项目氛围

项目氛围是项目团队内部的工作环境和氛围，它影响着团队成员的情绪、士气和效率。积极的项目氛围能够促进团队合作、提高工作效率，消极的氛围则可能导致沟通不畅、冲突增加和效率降低。

项目氛围的营造包括以下 5 个要点：

（1）沟通与协作。鼓励开放、坦诚的沟通和跨部门协作，建立有效的沟通机制。

（2）尊重与信任。建立相互尊重和信任的文化，鼓励团队成员分享观点和反馈。

（3）认可与奖励。及时认可和奖励团队成员的成就和贡献，提高团队成员的工作满意度和忠诚度。

（4）工作与生活平衡。关注团队成员工作与生活的平衡，为他们提供必要的支持和灵活性应对措施。

（5）持续学习与成长。鼓励团队成员持续学习与成长，为他们提供培训和学习机会。

项目口号和氛围共同构成了项目文化的直观表现，它们对于项目的成功实施至关重要。企业项目化管理应重视项目口号的制定和传播，以及项目氛围的积极营造，确保团队成员在良好的工作环境中充分发挥潜力，推动项目的顺利进展。

第5章　企业项目化管理战略层

5.1　企业项目化战略综述

战略的广义定义是实现未来理想的方法或计划，如实现目标的路径或解决问题的方案。

在商业活动中，战略是"定义并体现组织的独特定位，说明组织如何通过整合资源、技能与能力以获得竞争优势"（波特，2008），或"根据行业定位、机遇和资源，组织为实现长远目标而制订的计划"（科特勒，2012）。

企业项目化战略是以企业愿景、使命和价值观为原则和方向，在企业战略的指导下，将项目管理的方法和思维方式应用于整个组织的运作和战略规划，以提高组织的灵活性和响应能力，更好地实现组织战略目标。这种战略认为，组织可以通过将业务活动视为一系列相互关联的项目来更有效地管理资源、时间和风险，从而在竞争激烈的市场环境中获得优势。

企业项目化战略管理是企业项目化管理的战略层，是基于企业项目化的发展视角，在发展环境日益动荡、竞争日益加剧的条件下，为实现企业持续、稳定和健康的发展目标，对企业中长期发展目标进行整体谋划，进而有效进行战略分解和实施战略管控的管理内容和过程。企业项目化战略管理在企业整体管理中居于主导地位。企业项目化战略管理以战略分析为前提，以战略规划为基础，以战略实施和战略动态管控为核心。企业项目化战略管理领域具体包括企业项目化战略分析、企业项目化战略规划、企业项目化战略实施、企业项目化战略管控 4 大管理模块。

5.1.1 企业项目化战略分析

企业项目化战略分析是企业项目化战略管理的首要工作，指企业对所处社会宏观环境、行业中观环境及企业微观环境进行客观分析和趋势判断，结合对企业自身发展能力的客观评价，利用战略分析工具，进行企业发展战略定位和初步规划的战略管理内容和过程。企业项目化战略分析是战略规划、实施与管控的前提，对确定企业定位、未来发展方向乃至目标策略具有至关重要的作用和影响。

1. 企业项目化战略分析导图

企业进行项目化战略分析需要从宏观环境、中观环境及微观环境入手，通过一定的工具与方法，得出企业整体项目的战略环境分析结果，为识别项目的环境因素提供参考依据，有助于防范项目负责人无法管控的风险。企业项目化战略分析导图如图 5-1 所示。

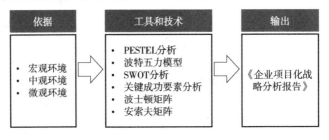

图 5-1　企业项目化战略分析导图

2. 企业项目化战略分析工具和技术

在宏观、中观、微观 3 个不同维度通常使用不同的企业项目化战略分析工具和技术。宏观环境通常使用 PESTEL 分析，中观环境通常使用波特五力模型，微观环境通常使用 SWOT 分析、关键成功要素分析、波士顿矩阵、安索夫矩阵等工具。

（1）宏观环境分析工具。宏观环境分析指对影响行业和企业的各种宏观环境因素进行分析。根据自身特点和经营需要，不同行业和企业分析的具体内容有一定差异，但一般包括政治、经济、社会、技术、环境、法律 6 个方面。PESTEL 分析图如图 5-2 所示。

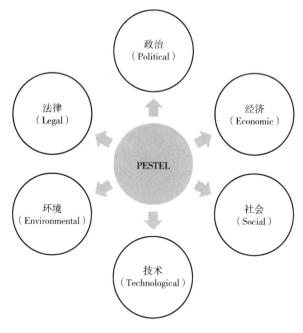

图 5-2　PESTEL 分析图

PESTEL 分析模型是开展宏观环境分析的工具，包括以下 6 大因素：

1）P：政治。政治因素指对项目实施具有实际与潜在影响的政治力量和有关的政策、法律法规。例如，项目的许可证审批、产业政策、税收政策影响项目实施。

2）E：经济。经济因素指经济结构、产业布局、资源状况、经济发展水平及未来的经济走势。例如，汇率和利率的波动，以及通货膨胀情况下材料、设备的价格变动，影响项目成本。

3）S：社会。社会因素指项目所在地的历史发展、文化传统、价值观念、教育水平及风俗习惯。例如，当地的民风民俗，以及项目文化与传统文化的融合，影响项目团队成员的行为。

4）T：技术。技术因素指在项目实施中涉及的技术将对项目产生积极或消极的影响，包括新技术、新工艺、新材料的出现和发展趋势及应用前景。例如，大数据、人工智能对项目现场管理和智慧决策有积极的影响而替代性新技术的出现则可能导致项目取消。

5）E：环境。环境因素指项目实施中的活动、产品或服务与环境发生相互作用的要素。例如，自然环境中的台风、雨季、冰雪天气，对文物、珍稀动植物的保护要求，环境污染，以及自然资源消耗（水、林木、土地、矿石）等，制约项目实施。

6）L：法律。法律因素指组织外部的法律法规、司法状况和公民法律意识所组成的综合系统。例如，在项目实施中，要遵守劳动法、环境保护法、自然资源保护法、招投标法、采购法等相关法律法规的要求。

（2）中观环境分析工具。中观环境分析是对项目所处的行业进行分析，从而准确判断项目所处的形势。中观环境分析一般采用波特五力模型。波特五力模型是由波特在1979年提出的，它是分析行业结构的重要工具，可用于评估项目中的竞争环境。迈克尔·波特认为，一个行业中的竞争存在五种基本的竞争力量，简称"五力"。图5-3为波特五力模型。

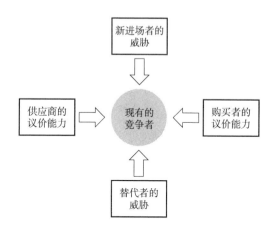

图 5-3 波特五力模型

波特五力模型包括以下 5 个方面：

1）现有的竞争者。现有的竞争者指行业内卷程度，同一行业内公司之间的竞争程度。竞争激烈会引发项目价格战，从而降低项目的利润率。

2）新进场者的威胁。新进场者会带来新的生产能力，并希望获得市场份额。新进场者的威胁程度取决于市场壁垒的高低，如资本要求、技术、转换成本等。新进场者在项目投标时往往会出现低价竞标的现象，但也有可能带来新的解决方案，给传统的项目实施方案带来一定的威胁。

3）替代者的威胁。如果其他产品或服务能以更低的成本满足相同的需求，那么现有产品或服务就会面临替代者的威胁。替代者的可用性和吸引力越大，给行业带来的压力就越大。例如，在项目实施中遇到可替代的材料、设备和工艺，虽然可能会降低项目成本或加快项目进度，但也面临着项目被替代或取消的威胁。

4）供应商的议价能力。如果供应商的集中度高、产品有特色、转换成本高，或者能够进行前向整合，那么供应商就有较强的议价能力，可能会对行业内的企业施加压力，如提高价格或降低质量。此外，如果供应商的集中度过高，则有可能出现坐地起价或延长供货时间的问题，导致项目成本增加或进度滞后。

5）购买者的议价能力。如果买家的集中度高、购买量大、产品标准化，或者买家能够进行后向整合，那么买家就有较强的议价能力，可能会要求降低价格或提高服务质量。例如，买家强势时，有可能出现增加需求，如提高质量要求、期望更高的服务水平、要求更低的价格等。

通过对以上"五力"的分析，企业可以了解项目在行业中的竞争地位，以及项目盈利能力的高低。企业可以根据这些信息制定相应的竞争策略，如成本领先战略、差异化战略等，以增强自身的竞争力。

（3）微观环境分析工具。微观环境是企业生存与发展的具体环境。与宏观环境、中观环境相比，微观环境因素能够更直接地为项目提供更有用的信息，同时也更容易被项目团队识别。微观环境分析工具包括 SWOT 分析、关键成功要素分析、波士顿矩阵和安索夫矩阵等，其中以 SWOT 分析最为常用。图 5-4 为 SWOT 分析图。

SWOT 分析包括优势、劣势、机会和威胁，以下做进一步详细说明。

1）优势。优势指组织内部的一些积极特征或能力。例如，组织中的某项独特技术、人才、品牌、解决方案等在行业中具有领先地位，这将有利于项目的竞争和交付。

2）劣势。劣势指组织内部的一些局限或短板。例如，技术或解决方案不成熟、组织僵化、流程冗长等劣势将有可能成为竞争对手的攻击点，给项目实施带来一定阻碍。

3）机会。机会指组织外部环境中的一些有利条件，这些条件如果被有效利用，可以帮助项目提高其绩效或提升利益相关方满意度。例如，国家"一带一路"倡议的推出为国内企业拓展海外项目提供了新的机会。

图 5-4　SWOT 分析图

4）威胁。威胁指组织外部环境中的一些不利条件，这些条件可能会给项目的建设和运营带来不利的影响。例如，紧张的地缘政治关系导致项目风险增加甚至被迫取消。

任何战略分析方法都有其特定的应用条件和环境，既有优势也有劣势，不能解决项目化战略分析的所有问题。企业项目化战略分析的过程，就是综合运用各种管理方法的过程。

3. 企业项目化战略分析输出

企业项目化战略分析的输出为《企业项目化战略分析报告》，该报告对后续的企业项目化战略规划和落地具有重要的指导作用。

5.1.2　企业项目化战略规划

基于企业项目化战略分析结果，制定企业项目化的总体战略目标，谋划企业项目化中长期发展策略，包括企业项目化近期、中期和长期的战略目标及对其实施路径的描述。企业项目化战略规划是企业实施项目化战略的前提，是企业项目化管理的精要所在。

1. 企业项目化战略规划导图

企业项目化战略规划是根据战略分析结果，使用一定的工具与方法，形成《企业项目化战略规划报告》的过程。图 5-5 为企业项目化战略规划导图。

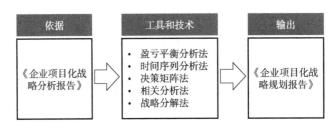

图 5-5　企业项目化战略规划导图

在企业项目化战略规划的诸多工具和技术中，盈亏平衡分析法、时间序列分析法、决策矩阵法、相关分析法用于明确战略定位和战略目标，战略分解法用于将战略分解为具体的项目和任务。

2. 企业项目化战略规划工具和技术

（1）战略分解法。战略分解法是企业项目化战略规划最常用的工具，企业项目化战略分解工作的最终表现载体为企业战略任务分解结构（Strategy Breakdown Structure，SBS），它不是企业战略任务的简单组合，而是运筹帷幄的战略布局。SBS 可以按组织维度、专业维度分解，也可以按两者结合维度分解。

1）组织维度。图 5-6 为 SBS 按组织维度分解图。

2）专业维度。图 5-7 为 SBS 按专业维度分解图。

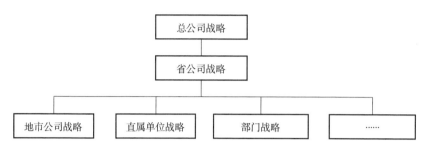

图 5-6　SBS 按组织维度分解图

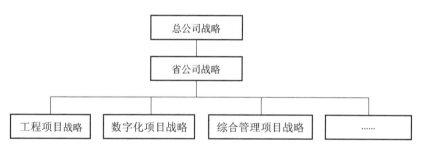

图 5-7　SBS 按专业维度分解图

3）综合维度。图 5-8 为 SBS 按组织和专业结合维度分解图。

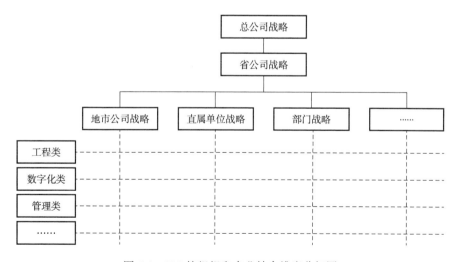

图 5-8　SBS 按组织和专业结合维度分解图

（2）盈亏平衡分析法。盈亏平衡分析法是战略规划中的一个重要工具，它用于评估一个项目、产品或服务在何种销售水平下可以达到成本和收入相等（盈亏平衡点）。该方法帮助决策者了解在不同的销售量、价格和成本结构下，企业何时能够开始盈利。

盈亏平衡分析的主要组成部分包括以下 4 点：

1）固定成本（Fixed Costs）。固定成本是不随生产量或销售量变化的成本，如租金、设备折旧、管理人员的工资等。

2）变动成本（Variable Costs）。变动成本是随生产量或销售量变化的成本，如原材料、直接劳动成本、销售佣金等。

3）销售价格（Selling Price）。销售价格是产品或服务的销售价格。

4）盈亏平衡点（Break-even Point）。盈亏平衡点是总收入等于总成本的点，即企业不盈不亏的状态。

盈亏平衡点的计算公式如下：

$$盈亏平衡点（单位）= 固定成本/（销售价格 - 变动成本）$$

通过盈亏平衡分析，企业可以更好地理解成本结构，制定合理的价格策略，优化生产和运营效率，从而在竞争激烈的市场中保持竞争力。

（3）时间序列分析法。时间序列分析法是一种统计方法，用于分析时间序列数据，即按时间顺序排列的数据点，以识别数据的模式、趋势、周期性和随机性。在战略规划中，时间序列分析法可以帮助企业预测未来的市场趋势、销售量、需求、库存水平等，从而做出更准确的决策。

（4）决策矩阵法。决策矩阵法也称为多属性决策方法或评分模型，是一种在战略规划中帮助决策者对多个备选方案进行评估和比较的定量工具。它通过将决策标准或属性进行量化，使决策过程更加客观和系统，有助于减少主观偏见，提高决策的透明度。

（5）相关分析法。在战略规划中，相关分析法是一种统计方法，用于评估两个或多个变量之间是否存在某种关系，以及这种关系的强度和方向。这种方法可以帮助组织理解不同因素或变量之间的相互作用，从而更好地制定战略决策。

3. 企业项目化战略的可持续发展规划

（1）可持续发展概念。企业项目化战略规划的可持续发展指从经济、环境和社会的角度，在项目可行性研究、启动、规划、实施、收尾和交付使用的全生命周期中，既要考虑当前的利益，又要考虑未来的利益。

（2）制定可持续发展战略的步骤。首先是评估问题并确定目标，其次是建立组织使命的可持续组成部分，最后是制定可持续发展战略。

（3）可持续发展战略。可持续发展战略有以下 6 个方面的内容：

1）制订正式的可持续发展计划，如碳排放计划。

2）利用可持续性来推动竞争优势，如减少自然资源的消耗。

3）使用可持续性作为创新和项目实施的驱动力，如设计时综合考虑可重复利用和可回收性。

4）将可持续性纳入组织使命宣言和价值观，如建立"绿色宣言"。

5）在执行级别跟踪可持续性指标，如项目实施过程中平衡环境保护、经济效益和健康安全等。

6）建立可持续性发展路径，如在项目化战略规划时将可持续性发展指标纳入战略目标。

5.1.3　企业项目化战略实施

在明晰了企业战略目标后，应专注于如何将其落实转化为实际的行动并确保目标实现。企业项目化战略实施是战略管理的行动阶段，也是战略管理的核心内容。

1. 企业项目化战略实施导图

企业项目化战略的实施是在战略分析的基础上制定战略规划，之后按照战略规划的路径，通过一定的方法与工具，实现战略目标的过程。图 5-9 为企业项目化战略实施导图。

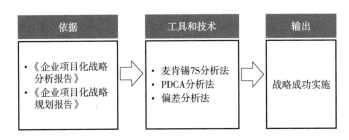

图 5-9　企业项目化战略实施导图

2. 战略实施工具和技术

（1）麦肯锡 7S 分析法。麦肯锡 7S 分析法是由麦肯锡公司的两名咨询顾问 Tom Peters 和 Robert Waterman 在 1980 年提出的，用于评估企业组织的 7 个关键要素，包括结构、制度、风格、员工、技能、战略和共同价值观。在这 7 个要素中，战略、结构和制度被视为企业项目化成功的"硬件"，而风格、员工、技能和共同价值观是企业项目化成功经营的"软件"。麦肯锡 7S 模型强调，企业项目化要想成功，硬件和软件同等重要，不可偏废。7 个关键要素的内容如下：

1）战略（Strategy）。战略指为实现企业项目化目标而制定的方向和计划。

2）结构（Structure）。结构指企业项目化的组织结构，包括职权和责任的分配。

3）系统（Systems）。系统指企业项目化管理的工作流程和操作程序，包括项目管理信息系统等。

4）共同价值观（Shared Values）。共同价值观指企业的项目文化和价值观，包括企业使命、愿景和核心价值观。

5）技能（Skills）。技能指项目团队所需要的技能和能力。

6）风格（Style）。风格指领导风格和管理风格，以及项目之间和项目内部的沟通方式。

7）员工（Staff）。员工指项目的人力资源，包括员工的数量、等级和知识结构。

麦肯锡 7S 分析法的优点在于不但考虑了战略实施中的硬件因素，而且加入了软件因素，使战略实施的分析更加全面；不足之处在于停留在理论指导层面的内容较多，对于实际操作层面的指导有限。

（2）PDCA 分析法。PDCA 又称为"戴明环"，是一种广泛应用于战略实施中的管理工具。PDCA 循环由计划（Plan）、执行（Do）、检查（Check）和行动（Act）4 个阶段组成，帮助组织和个人持续改进、提高效率和质量。每个阶段的定义如下：

1）计划（Plan）。在计划阶段，需要确定目标和过程，以期望达到的结果。这可能包括识别问题、收集数据、理解问题的原因，并制定解决方案。

2）执行（Do）。在执行阶段，需要实施制定的解决方案。这一阶段可能涉及在小范围内进行试验或测试，以观察结果。

3）检查（Check）。在检查阶段，需要比较执行结果和预期目标，以确认是否达到了预期效果。这一阶段通常涉及数据收集和分析。

4）行动（Act）。在行动阶段，需要根据检查阶段的结果对改进措施进行调整和优化。如果结果满足预期，将解决方案标准化并推广应用；如果结果不满足预期，则需要找出原因，并返回计划阶段进行调整。

该方法的优点在于既可以应用于总体战略，也可以应用于分解目标，形成大环套小环的状态，互相促进与监督；在推进的同时也会上升，每进行一周期，都将使战略的实施水平上升到一个新高度。其不足之处在于需要有一定的前提条件，即原有的战略实施已存在并且正在按照预期的趋势发展。

（3）偏差分析法。偏差分析法是一种用于评估和监控战略执行过程中实际结果与预期目标之间差异的方法。其关键过程包括识别偏差、理解其原因和采取相应的纠正措施。

该方法的优点在于可以有效衡量期望值与实际值之间的偏差，根据偏差的大小进行策略选择；不足之处在于基于产品、需求按预期发展，业务、战略维持不变的假设，一旦出现变化，将失去意义。

5.1.4 企业项目化战略管控

企业项目化战略管控指在战略实施过程中，检查各项战略任务的执行情况，评价实施企业项目化战略执行后的绩效，并与既定的战略目标与绩效标准相比较，发现战略差距，分析产生偏差的原因，纠正偏差，使企业项目化战略的实施更好地与企业当前所处的内外环境、组织战略目标协调一致，使组织持续、稳定、健康的发展战略得以实现。

在企业项目化战略实施过程中，一方面，随着组织战略的调整或外部市场环境的变化，企业的项目化管理战略也要做出相适应的调整；另一方面，如果项目化战略实施效果与项目化战略规划出现偏差，需要通过影响、评估、原因分析制定纠偏措施，使企业项目化战略重新回到正确轨道。

1. 企业项目化战略管控导图

企业项目化战略制定及战略分解工作完成之后，为确保达到既定的战略目标和结果，必然需要对企业项目化战略进行管控。图 5-10 为企业项目化战略管控导图。

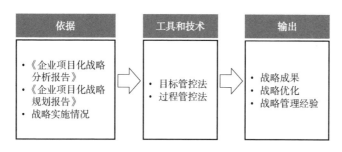

图 5-10　企业项目化战略管控导图

2. 战略管控工具和技术

（1）目标管控法

目标管控法是通过设定明确的目标并实施一系列控制措施确保战略目标实现的一种方法。目标管控通常是对部门或人的目标管控，多从绩效角度展开。

目标管控可分为项目目标管控和层级目标管控两种方式，具体如下：

1）项目目标管控。从企业的战略目标开始，逐级分解为组合项目目标、项目集目标、单项目目标、子项目（或里程碑）目标，形成一个完整的项目目标管控体系。

2）层级目标管控。按组织的层级架构，由上到下将战略目标逐层分解到下级部门，这些下级部门战略任务目标的累加也就是企业的总战略目标。

（2）过程管控法

过程管控法是企业项目化战略管控的辅助手段，往往是针对某些大型、复杂、时间跨度长、受内外环境因素影响大的项目，为避免目标管控在实施过程中可能出现的缺乏过程保证、资源较难预测、责任无法到位等问题，在项目执行过程中加强过程管控。

过程管控主要是通过项目阶段门完成。

项目阶段门（Project Decision Point），也称为项目决策点（或项目转阶段），是在项目执行过程中将项目分成几个大的阶段，在每个阶段结束时对本阶段进行评估，评估本阶段成果是否完成，同时决策评估是否能进入下一个阶段，以降低整体项目的风险。图 5-11 为产品开发项目阶段门过程管控图。

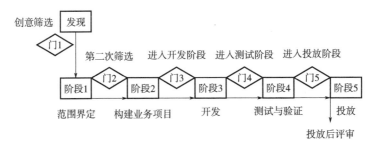

图 5-11　产品开发项目阶段门过程管控图

各阶段描述如下：

1）范围界定。范围界定指快速调研，定义项目范围。

2）构建业务项目。构建业务项目指通过预先调查，构建业务项目，包括产品定义、商业分析，以及下一阶段工作的详细计划。

3）开发。开发指新产品的设计与开发，以及下一阶段测试计划的制订。

4）测试与验证。测试与验证指新产品的功能、性能测试、可制造性测试、市场测试和验证。

5）投放。投放指产品量产、市场投放和上市销售。

在单项目中，通过评估本阶段完成的工作成果和外部环境的变化情况，预测下阶段所需资源，由项目所属企业的高层管理者决策是否进入下一阶段。通过阶段门审查还可以总结各阶段的经验教训，解决遗留问题。

3. 战略管控流程

如图 5-12 所示，企业项目化战略管控流程分为宏观环境监控、中观环境监控、微观环境监控、组合项目的监控，以及项目集、单项目和项目运营的监控。

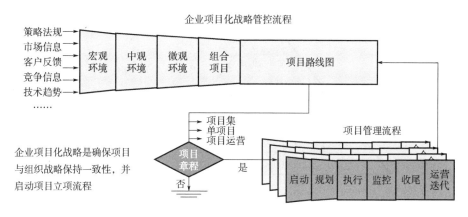

图 5-12　企业项目化战略管控流程

企业项目化战略管控是从宏观到微观、从大到小的管控过程。首先，需要关注外部宏观环境和行业中观环境的变化，如政策法规、市场信息、客户反馈、竞争信息和技术趋势等；其次，需要关注企业内部微观环境的变化，如领导变换、组织结构调整、员工离职率等。上述要素的变化将对项目组合、项目集和单项目的目标与执行过程产生积极或消极影响。为此，在企业项目化管控中，需要对上述因素进行有效监控，以便实时对项目组合、项目集或单项目做出相应调整，以应对上述变化。整个项目化战略管控过程紧密关联、环环相扣，最终确保企业战略目标的实现。

5.2 企业项目化战略层级

企业项目化战略分为 4 个层级，分别为企业愿景、使命和价值观，企业战略，企业项目化战略，企业项目化支撑战略。图 5-13 为企业项目化战略层级图。

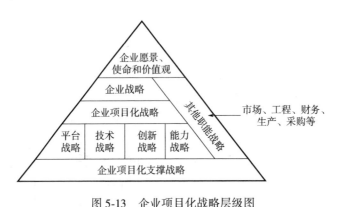

图 5-13　企业项目化战略层级图

（1）企业愿景、使命和价值观。如第 4 章所述，企业愿景、使命和价值观为企业战略和企业项目化战略分解提供方向和指引，是制定企业项目化战略时考虑的首要因素，所以在此再次强调。

（2）企业战略。企业战略是企业在对当前发展条件和未来发展环境进行分析判断的基础上，对企业中长期发展整体目标和核心策略的统筹谋划。

（3）企业项目化战略。企业项目化战略是在企业战略的基础上，根据内外部动态环境，结合企业业务形态、资源和技术优势，对企业项目化未来蓝图的规划。它是企业战略的重要组成部分。

（4）企业项目化支撑战略。支撑企业项目化战略实现的关键要素主要包括平台战略、技术战略、创新战略、能力战略及其他职能战略。

各战略层级之间是密不可分的。企业愿景、使命和价值观是企业战略的指引；企业战略为企业项目化战略提供目标和方向；平台战略是企业项目化战略的方法；技术战略是企业项目化战略的保障；创新战略是企业项目化战略的手段；能力战略是企业项目化战略的基础；其他职能战略是企业项目化战略的专业支撑。

下面重点介绍企业项目化的相关支撑战略，即企业项目化平台战略、企业项目化技术战略、企业项目化创新战略、企业项目化能力战略。

5.2.1　企业项目化平台战略

企业项目化平台战略是以客户价值为核心，构建跨部门、跨不同业务主体的项目交付系统，它涉及创建一个基础架构或平台，通过提供一个共同的框架或一组核心功能，促进项目的快速建设和交付，同时实现资源共享、成本降低和效率提升。

企业项目化平台战略将项目管理和平台思维相结合，能够显著提升组织级的项目管理和运营能力，提高组织的灵活性和响应能力，增强组织竞争力，并支持组织长期可持续发展。

1. 企业项目化平台战略的内容

企业项目化平台战略包括以下 3 个方面的内容：

（1）模块化。项目中的一些业务单元、软件程序的子集或零部件按照一定的规则组合在一起，完成特定的功能，这样的组合被称为模块。对项目而言，模块化的平台思维能够化繁为简，将整体拆分成模块，每个平台模块可以单独使用与组合应用。平台模块随着技术的发展和市场需求的变化不断迭代升级。

（2）核心组件。核心组件是平台战略的一种形式，如某一系统的引擎就属于核心组件。在核心组件的基础上，可以快速延伸项目相关的产品和服务，同时形成项目成果差异化和核心竞争力。

（3）标准化接口。平台提供标准化接口和工具，使得不同团队或合作伙伴能够更容易地协作和集成他们的工作，减少重复投资，提高资源利用效率。

企业项目化平台战略是通过构建模块、核心组件和标准化接口，有效支撑企业项目化的实施，提高效率、提高质量、提高利益相关方满意度，降低返工、降低成本、降低风险。

2. 企业项目化平台战略的作用

企业项目化平台战略的作用主要体现在以下 5 个方面：

（1）加快项目进度。平台化战略通过模块化和可重用的组件，能够加快项目进度，缩短建设周期。

（2）提高质量。由于平台模块化组件已在其项目成熟应用，有利于提高项目质量稳定性和可靠性。

（3）增进协同创新。项目化平台鼓励跨部门、跨团队协作，促进知识共享和创意碰撞，从而增强组织的创新能力。

（4）降低成本。通过平台组件的应用，避免重复开发，加快项目进度，从而降低项目成本。

（5）降低风险。平台化战略能够为项目减少不确定性，从而降低组织的整体风险。

5.2.2　企业项目化技术战略

项目涉及的技术成熟度是实现项目按期、按质、按预算完成的保障。如果技术不成熟或存在不确定性，将无法满足项目功能和性能的要求，同时会导致进度的延误甚至项目的失败。

由于企业项目化技术战略是基于企业项目路线图延伸的技术整体规划，企业需要对项目将来可能应用的技术进行预判并形成技术规划路线图。技术规划路线图将使项目利益相关方对项目未来需要应用的技术有一个清晰的、一致的认识，有助于支撑和实现企业项目中所需的特性和功能。技术战略说明了项目所应用的技术随着时间推移而需要开发、引进的一种路径，有利于组织为实现项目目标而提前进行技术储备。

技术战略是企业项目化战略的保障，技术路线图是项目路线图的重要补充，两者相互协调。

5.2.3　企业项目化创新战略

企业项目化管理强调跨部门、跨业务主体的协作，通过共享项目的目标、规划和决策，让企业各部门更好地理解项目的整体情况并达成共识。同时，企业项目化管理不仅应关注项目的执行，还应重视和激发项目团队的创新思维，有效地鼓励各项目团队提出创新方案、解决项目问题，这种企业项目化创新战略能够有效应对复杂性和不确定性。

企业项目化创新战略作为企业项目化战略的重要支撑，通过企业项目化组织创新整合各类资源，强化跨部门沟通与合作，形成协同效应，提高整体效率，如建立联席会议机制、促进组织间的协同；通过企业项目化管理创新提高效率、降低风险、提高利益相关方满意度，推动项目可持续发展，如在 WBS（工作分解结构）的基础上创新延伸应用 MBS（管理分解结构）、FBS（财务分解结构）等，有效提升管理效率；通过企业项目化技术创新能够有效解决技术瓶颈、引进新的工具和方法，如应用人工智能协助识别项目风险、通过大数据分析项目绩效状态等。

企业项目化创新是一个持续的过程，应在项目实践过程中不断地体验、学习和发展，通过反复尝试新事物、新技术、新路径，不断探索和完善企业项目化管理的组织、流程和方法，从而为组织创造更大价值。

5.2.4 企业项目化能力战略

企业项目化能力战略指企业项目化管理实施中内部资源与外部环境匹配的能力，主要包括人才能力、技术能力、设备能力、服务能力和管理能力等方面，是企业项目化管理的基础，并指导企业项目化管理的发展。

企业项目化能力战略具有全局性、方向性、基础性和系统性的特点，是企业项目化管理持续发展的必要条件。当拥有企业项目化能力战略时，企业能够随着环境的变化实施动态的项目管理，创造项目高价值，实现和提升客户价值。

1. 企业项目化能力战略的特征

企业项目化管理的优势是能够帮助企业卓有成效地解决企业经营管理

中的各种难题。作为企业项目化管理基础的能力战略，具备以下 5 个特征：

（1）灵活性。企业项目化能力战略中的能力既可以形成项目层面的局部优势，也可以升华为企业的综合优势。

（2）优越性。企业项目化能力有利于提高企业运营效率，创造比单项目管理更高的价值。

（3）不可替代性。企业项目化能力无法通过市场交易方式获取。与企业的其他生产要素相比，企业项目化能力受到替代和威胁相对较小。

（4）延展性。企业项目化能力既能为单个项目提供支持，又能提升企业核心竞争力。

（5）叠加性。企业项目化能力不仅会从个人知识和技能当中的积累和沉淀而来，还会在单个项目实施和管理过程中形成，更是企业发展的产物。另外，通过企业项目化管理的实践与创新，该能力需要做到动态调整，从而使企业项目化管理能力成为企业长期的竞争力。

2. 企业项目化能力战略的作用和意义

企业项目化能力战略有以下 3 个方面的作用和意义：

（1）突破了单项目管理的局限性。企业项目化能力战略使企业避免了能力不足引发项目失败的风险。

（2）增强了市场竞争地位。具备企业项目化能力战略后，企业能够系统地规划各项能力，为高效交付、提升客户满意度创造条件，从而建立市场竞争优势。

（3）优化了企业资源。企业能够从企业项目化战略整体角度考虑，从而使企业上下齐心、目标一致，有效整合和优化企业资源，使各项能力得以最大限度的发挥和利用。

3. 企业项目化能力的来源

企业项目化能力主要从企业项目化成长过程中积累产生，通过内部能力和外部能力两种途径获得。

（1）内部能力来源。企业项目化内部能力有以下 6 个来源：

1）自组织学习。自组织学习指团队成员在没有外部指导或监督的情况下，通过自我激励和自我管理共同学习、解决问题和提升能力的过程。

2）培训。培训指通过一系列有计划的教育和实践活动提升个人或团队的技能、知识和能力。

3）传帮带。传帮带是通过经验丰富的老员工向新员工传递知识和技能的一种方式。

4）经验分享。经验分享指个人或团队将其在某个领域的知识、技能或经验分享给其他人。

5）结对。结对是两个人共同完成一项任务，一个人在操作，另一个人在审查和反馈，同时两者可以进行角色互换。这种方法可以提高工作效率和提高质量，同时促进知识和技能的传递。

6）团队共创。团队共创指团队成员共同参与创意生成、问题解决或决策制定的过程，从而提升团队的技能和能力。

（2）外部能力来源。企业项目化外部能力有以下 5 个来源：

1）并购和收购。通过并购或收购其他企业，获取其技术和能力。

2）合作与联盟。通过与其他企业、研究机构、行业协会等建立合作和联盟关系，共享资源和知识。

3）技术引入。从外部获取技术、专利和知识产权，并通过内部消化吸收转化为企业能力。

4）外部咨询和培训。从外部专家和培训机构获取知识和技能，提升企业能力。

　　5）开放创新。通过与外部创新社区、大学和研究机构合作，共同开发新技术和新项目。

　　在企业项目化管理过程中，要充分挖掘和培育内部能力，并战略性地利用外部能力，从而为企业项目化战略的实施奠定基础。

第6章 企业项目化管理执行层

6.1 全面计划管理

6.1.1 全面计划管理的概念

全面计划是在对公司核心资源和发展需求进行综合平衡、统筹优化的基础上形成的统领公司全局的年度经营发展目标，是紧密围绕公司战略、全面衔接规划的年度系统性实施方案。

全面计划管理全面衔接公司战略目标和发展规划，包括指标管理和投入管理两部分。其中，指标承接公司战略和规划，投入涵盖公司所有固定资产投资、股权投资和主要成本；管理内容主要包括总控目标确定与下达、项目预安排、计划编制与下达、计划执行与过程管控、计划调整与下达、计划考核与评价等。

6.1.2 全面计划管理的流程

全面计划管理包括总控目标确定、综合计划下达、综合计划执行与过程管控、综合计划调整4个方面。

1. 总控目标确定

（1）总公司发展部门对下年度综合计划编制进行部署，提出相关原则和要求。

（2）各分（子）公司发展部门会同相关部门提出本公司综合计划建议，经规定程序审批后上报总公司。

（3）总公司发展部门会同相关职能部门召开综合计划编制汇报会，对各分（子）公司上报的综合计划进行审议和初步平衡。

（4）总公司相关职能部门提出分管计划指标的安排建议和专项报告。

（5）总公司发展部会同相关部门研究提出综合计划总控目标方案，经决策程序后下达。

2. 综合计划下达

各分（子）公司根据总控目标，编制综合计划建议，上报总公司。总公司发展部分解各单位上报计划建议送专业部门审核，专业部门提出需求建议，发展部负责统筹协调、平衡优化，落实到项目，提出综合计划草案，与财务预算衔接一致，经审查批准，下达各分（子）公司。

3. 综合计划执行与过程管控

总公司对各分（子）公司综合计划执行情况进行全过程监督。总公司发展部门定期开展综合计划执行情况分析，按季度对各分（子）公司综合计划执行进度、规范性、计划指标异常等情况进行通报，不定期组织开展各单位计划分解与执行情况监督检查，并将检查结果纳入年终综合计划评价。

各分（子）公司加强计划执行过程管控，强化责任落实，确保重点项目和主要指标可控在控。在管控过程中，遇有影响全年计划完成的重大影响因素，及时向上级计划主管部门汇报沟通。各分（子）公司作为计划执行主体，要做好项目设计、招标、建设和资金使用等全过程管理，确保合规高效。各分（子）公司综合计划归口管理部门会同专业部门定期进行综合计划执行情况分析，按月报送综合计划完成情况。建立指标与项目执行研判预警机制，协调督导本单位计划执行。

4. 综合计划调整

综合计划下达后，根据外部环境变化和生产经营实际需要，总公司和各分（子）公司可按决策权限分别开展综合计划调整。各级"三重一大"项目须单独履行决策程序后，再进行调整。

6.1.3 全面计划管理的特征

1. 全企业性

全面计划管理的对象是企业的全要素。全要素指由劳动力、劳动对象、劳动手段、资金、信息5大生产要素组成的总系统。为了合理地组织这5大生产要素进行生产经营活动，企业必须建立管理层次、设置职能部门、划分生产阶段与环节，以达到有效管理的目的。

层次、部门、阶段与环节也是企业全要素的子系统。各个要素的子系统之间存在相互联系、相互依赖、相互制约的关系，它们必须由全面计划管理加以统一、协调，围绕实现企业全要素的目标而发挥作用。因此，全面计划管理的对象是企业的全要素系统。它要求企业各个要素子系统的活动都必须服从全要素总系统的目标与要求。与此相应，全面计划管理也要求以局部计划管控保证全面综合计划的实现，以短期计划管控保证长期计划的实现。

2. 全过程性

全面计划管理的范围是企业生产经营活动的全过程。企业生产经营活动的全过程，既包括生产活动过程，也包括流通活动过程，所有这些活动的成效都直接关系到企业生产经营总目标——综合经济效益的实现。因此，要确保企业生产经营总目标的实现，就必须对企业生产经营活动全过程实行全面计划管理。

3. 全员性

全面计划管理需全员参与。全面计划管理由人执行，不能仅依靠少数专业人员，应动员企业全体职工参加，即从企业的总经理、部门经理到每一名职工，人人都要关心并参与计划的制订、执行和管控，人人都应有自己的工作计划并将其纳入企业统一计划的轨道。只有这样，才能把企业的生产经营总目标及其计划分解落实到每个人，并要求每个人都按统一计划的要求各负其责、各尽其力，确保计划目标完成。这是最终实现企业生产经营总目标的重要组织基础。

6.1.4　全面计划管理的要点

1. 管理目标化

管理目标化指企业的整个生产经营活动和管理工作都要有一定的目标，并用这些目标指导各级、各环节、各部门和每个员工的行动。企业进行目标化管理应该做到以下两点：

（1）建立目标管理系统。在全企业范围内建立多层次的目标管理系统，即企业不仅要制定长期、中期和短期的生产经营总目标（或称一级目标），还要按层次制定保证一级目标得以实现的二级目标，以及制定保证二级目标得以实现的三级目标。目标从高层到低层逐步具体化，使全企业各个层次直至职工都有自己的目标。全企业员工"力出一孔"，为实现企业生产经营的总目标而共同奋斗。

（2）制定具体目标。企业的各部门也要根据企业的生产经营总目标制定自己的目标，如收入目标、利润目标、成本目标、市场规模目标、客户满意度目标、技术创新目标等。企业不仅有纵向的、多层次的目标系统，还有横向的、各个部门的目标系统，形成纵横交错的目标体系，使企业各部门高效协同。

2. 计划系统化

计划系统化指计划管理的内容、手段要全面配套，形成系统。具体而言，计划系统化主要包括以下 3 个方面的内容：

（1）计划指标系统化。指标是企业用数字表示的、具有一定特征的生产经营活动现象。计划指标是企业在计划期内各种生产经营活动需要达到的目标与水平。在制定计划指标时，需要进行系统性的考虑，既要考虑计划指标与组织战略的关系，又要考虑各项计划指标之间的关联关系。

（2）计划内容全面化。因为计划指标可表示企业在计划期内生产经营活动各方面所应达到的目标与水平，所以计划内容应包括计划指标，并全面规定干什么、谁来干、何时干、怎样干等，指定贯彻执行者，规定时间进度要求，确定工作方法和措施。

（3）信息资料系统化。信息是反映客观世界中各种事物特征和变化情况的资料。对企业来说，信息是企业从事生产经营活动所需的各种资料和情况，通常表现为方针、政策、情报、指令、定额、标准、数据、凭证、报表等多种形式，是制订计划和实行控制的依据与手段。在全面计划管理过程中，信息资料系统化是将杂乱无章的信息和资料按照一定的逻辑结构、分类标准和处理流程进行组织，使其成为一个有序、高效、易于管理和利用的整体。

6.1.5　全面计划管理的阶段

1. 计划编制阶段

在计划编制阶段，需要全面分析企业的内外部环境，明确企业的发展定位和规划目标，科学测算和合理安排企业的各项经营指标和资源投入，确定企业的经营计划。可以运用 SWOT 分析、成本效益分析和备选方案分析等方法，全面客观地评估企业的优势和劣势、机会和挑战，为制订合理的经营计划提供依据。

2. 综合协调阶段

在综合协调阶段，需要协调各部门之间的计划关联关系，统筹各项资源的配置和优化，加强与外部合作伙伴的沟通和协调，实现计划在内外部、不同层级、跨部门之间保持一致；对计划要素（目标、资源、时间、成本、质量标准、风险等）进行稽核和协调，确保计划要素之间形成一个有机的整体。

3. 实施和监督阶段

在实施和监督阶段，需要全面实施经营计划和绩效考核机制，加强对企业经营活动的监督和管理，建立健全内部计划调整、控制和审计体系，加强对企业经营风险的防范和控制，确保企业经营目标的顺利实现。

4. 全面计划评估阶段

在全面计划评估阶段，需要对前期计划的合理性、准确性、有效性和实施的有效性开展综合评估，并对计划执行的成效进行全面评价，为后续计划管理提供借鉴。

6.1.6　全面计划管理的优势

（1）全面计划管理强调系统性和综合性，具有全局意识和整体思维，对企业的发展有推动作用。

（2）全面计划管理有利于促进企业内部各个部门之间的协作和配合，增强企业的组织效率和执行力。

（3）全面计划管理可以帮助企业更好地适应外部环境的变化，快速响应市场需求和减少竞争压力。

（4）全面计划管理培养了企业制订和执行计划的能力，提高了企业的管理水平和核心竞争力。

综上所述，全面计划管理是一种高效的企业管理方法，具有重要的应用价值和推广意义。

6.2　全面预算管理

6.2.1　全面预算管理的概念

全面预算管理是利用预算对企业各部门的各种财务及非财务资源进行分配、考核、控制，以便有效地组织和协调企业的生产经营活动，完成既定的经营目标。

全面预算反映的是企业未来某一特定期间（一般以年为单位）的全部生产、经营活动的财务计划，它以实现企业的目标利润为目的，以销售预测为起点，进而对生产、成本及现金收支等进行预测，并编制预计损益表、预计现金流量表和预计资产负债表，反映企业在未来某一期间的财务状况和经营成果，企业经营管理活动可在预算范围内进行资源调配。

全面预算管理已经成为现代化企业不可或缺的重要管理模式，可以说企业的每名员工都应该懂得全面控制思想，其中管理人员和财务人员更应该掌握这一多功能的管理控制工具，为企业发展提供高效、科学的方法。

6.2.2　全面预算管理的内容

企业项目化全面预算管理包括项目概算管理、项目预算管理、项目结算管理和项目绩效评价，这 4 个方面紧密关联、环环相扣、相互影响和相互作用，共同构成企业项目化全面预算管理的有机整体。

1. 项目概算管理

项目概算管理指在项目早期阶段对项目相关的成本进行初略估算、计算、编制和管理的过程。概算管理的目的是确保项目在成本方面的可控性和可预测性，以便为项目决策提供依据和参考。项目概算管理在项目整个生命周期中起着重要的作用，涉及成本初略估算、概算成本编制、概算成本控制 3 个方面的内容。

（1）成本初略估算。成本初略估算是对项目所需的资源、材料和设备等进行初略估计，以确定项目的总体成本。成本初略估算可以通过多种方法进行，如类比估算法、参数估算法、专家判断法等。在成本初略估算过程中，需要考虑项目的特点、规模、技术难度、地域差异等因素，以尽量准确地估算项目成本。

（2）概算成本编制。概算成本编制是对成本初略估算的结果进行进一步细化，将成本初略估算转化为项目的具体框架预算，以便为项目的实施提供经费支持。概算成本编制包括工资、差旅、材料、设备、分包等方面的初略估计成本。

（3）概算成本控制。概算成本控制是通过对项目实际成本进行监控和调整，确保项目成本在概算可控范围内，并尽量避免成本超支。概算成本控制需要与项目实施过程相结合，及时收集和分析项目的成本信息，与预算进行对比和调整，并制定相应的成本控制措施和调整方案。

2. 项目预算管理

项目概算完成后还要进行更详细的项目预算管理。项目预算管理是在项目概算的基础上，按时间维度进行财务资源分配，形成项目资金需求计划和项目的预算基准。

（1）项目预算的编制。在完成项目概算之后，项目团队要着手编制项目预算。项目预算编制是由项目团队根据项目进度、资源消耗、采购与分包的付款要求，以及项目资金储备情况，采用资金汇总、储备分析、专家判断等方法，将项目概算分配到不同的时间段，经评审和批准后，形成项目预算基准的过程。

（2）项目预算管理的作用。在企业项目化管理中，项目预算管理能够确保项目资金合理分配与有效控制，支撑项目目标实现。项目预算管理的主要作用有以下4个方面：

1）资源优化分配。预算管理有助于企业合理分配项目资源，确保资金和物资得到有效利用，避免资源浪费或不足。

2）成本控制。通过预算管理，企业能够监控项目成本，及时发现超支情况，采取措施进行调整，确保项目成本控制在预算范围内。

3）绩效评估。项目预算管理为项目绩效评估提供了量化标准，有助于评估项目的经济效益和效率，为后续项目提供参考。

4）风险防范。项目预算管理有助于识别和评估项目财务风险，通过预算调整和资金预留，降低项目资金问题导致的失败风险。

3. 项目结算管理

项目结算管理是在整个项目生命周期中，对项目的财务、合同、项目范围等方面进行最终的核对、确认和结算活动。

项目结算管理包括以下 7 个方面的主要内容：

（1）工作量结算。对项目完成的工作量进行测量和确认，与合同规定的工作量进行比较，处理任何差异。

（2）合同结算。确保合同条款得到履行，处理合同执行过程中的变更，并最终确定合同结算金额。

（3）质量保证金处理。根据合同规定，处理质量保证金的扣留和退还事宜。

（4）风险和纠纷处理。解决项目过程中出现的风险和纠纷，确保项目顺利交付。

（5）尾款支付。在项目满足所有合同要求后，完成尾款的支付。

（6）财务结算。对项目的收入和支出进行最终核对，确保所有费用得到正确记录和支付，包括材料费、人工费、设备使用费等。

（7）项目关闭。完成所有结算工作后，正式关闭项目，释放项目资源。

项目结算管理对于确保项目成功完成、保护企业利益、提高利益相关方满意度及为未来的项目管理提供经验教训都具有重要作用。

4. 项目绩效评价

（1）项目绩效评价的概念。项目绩效评价指在项目交付投产或投入使用后，对项目的运行进行系统的、客观的评价，并以此确定目标是否达到，检验项目是否合理和有效。通过分析评价达到肯定成绩、总结经验、吸取教训、提出建议、改进工作、不断提高项目决策水平和投资效果的目的。

项目绩效评价一般包括项目目标评价、项目过程评价、项目效益评价、项目影响评价和项目持续性评价等。

1）项目目标评价。通过对项目实际产生的一些经济、技术指标与项目决策时确定的目标进行比较，检查项目是否实现预期目标或实现目标的程度，分析产生的偏差，从而判断项目是否成功。

2）项目过程评价。根据项目的结果和作用，对项目的各个环节进行回顾和检查，对项目的实施效率做出评价。项目过程评价的内容包括立项决策评价、设计评价、实施评价、生产运营评价等。

3）项目效益评价。从项目投资者的角度，根据后评估时各年实际发生的投入产出数据，以及这些数据重新预测得出的项目计算期内未来各年将要发生的数据，综合考察项目实际或更接近于实际的财务盈利能力状况，判断项目在财务意义上成功与否，并与项目可行性研究阶段的效益预测相比较，找出产生重大变化的原因，总结经验和教训。

4）项目影响评价。根据对项目建成投产后对国家、项目所在地区的经济、社会和环境所产生的实际影响进行的评估，包括经济影响评估、社会影响评估、环境影响评估，判断项目决策宗旨是否实现。

5）项目持续性评价。对项目在未来运营中实现既定目标及持续发挥效益的可能性进行预测分析。

（2）项目绩效评价的作用与价值。项目绩效评价的作用与价值包括4个方面：确定目标是否实现，检验项目的合理性和有效性，提高投资决策和管理水平，推动公司优化管理。

1）确定目标是否实现。项目绩效评价能够系统、客观地分析和总结项目的目的、执行过程、效益、作用和影响，以此确定目标是否实现。

2）检验项目的合理性和有效性。通过绩效评价，可以检验项目的合理性和有效性，找出成败的原因，总结经验和教训。

3）提高投资决策和管理水平。项目绩效评价有助于提高投资决策和管理水平，为未来的项目决策和提高完善投资决策管理水平提供建议。

4）推动公司优化管理。项目绩效评价有利于推动公司优化管理，提高经济效益、社会效益。

（3）项目绩效评价的基本原则。项目绩效评价要遵循客观、公正和科学的原则，确保公正性、独立性、可信度和反馈性。

1）公正性。公正性贯穿绩效评价的全过程。公正性保证后评价及评价者的信誉，避免在发现问题、分析原因和下结论时做出不客观的评价。

2）独立性。独立性标志着绩效评价的合法性，指评价不受任何外界因素干扰，独立进行。它是评价公正性和客观性的重要保证。

3）可信度。项目绩效评价的可信度取决于评价者的经验水平和独立性、评价过程的透明度、资料信息的可靠性及评价方法的实用性。可信度的一个重要标志就是要同时反映项目的成功经验和失败教训。

4）反馈性。项目绩效评价的最终目标是将后评价的结果反馈到决策部门，作为新项目的立项和前评估的基础，以及调整投资规划和政策的依据。

6.2.3　全面预算管理的特征

（1）战略性。预算编制以组织的长远战略为依据，通过项目预算管理将战略目标分解到每个项目预算周期，确保日常运营与长期战略保持一致。

（2）全面性。全面预算管理不仅关注财务预算，还包括资本预算、经营预算、投资预算等多个方面，涵盖组织的全部经济活动。

（3）效益性。全面预算管理强调结果导向，通过对预算执行结果的评价，与设定的绩效目标进行对比，为员工的激励和评价提供依据。

（4）动态性。全面预算管理是一个动态的过程，需要根据组织内外部环境的变化及时进行调整，保证预算的准确性和适应性。

（5）参与性。全面预算管理鼓励广泛的员工参与，从预算的编制到执行再到评价，都需要各级人员的共同参与和努力。

全面预算管理也是企业实现高质量发展的重要手段之一。通过全面预算管理，企业可以更好地控制成本、提高效率、优化资源配置，从而实现可持续发展。

6.2.4　全面预算管理的要点

1. 制订详尽的预算计划

预算计划是全面预算管理的基础，需要详细列出所有预期的支出和收入，包括人力成本、材料成本、设备租赁费用等，并考虑潜在的风险因素。

2. 持续监控与调整预算

在项目进行过程中，实时监控预算的实际支出与预算计划之间的差异，定期审查预算报告和财务状况，并根据项目进展或市场变化做出相应的预算调整。

3. 确保预算的透明度

透明的预算管理有助于维持项目团队和利益相关方之间的信任，因此，应定期发布预算报告和开展预算审查会议。

4. 优化成本与资源分配

通过成本效益分析和资源优化技术，项目团队可以最大限度利用有限的资源，同时降低不必要的支出。

5. 风险管理

在项目预算管理中，识别潜在的财务风险，评估风险对预算可能产生的影响，并制定应对策略是至关重要的。因此，有效的风险管控是做好全面预算管理的前提。

6. 预算信息化管理

运用现代信息技术手段，将预算编制、执行、监控和评价等环节进行系统化、智能化处理，以提高预算管理的精准性、效率和透明度。它通过构建预算管理信息系统，实现预算数据的快速处理、分析与应用，为企业决策提供有力支持。

6.2.5　全面预算管理的步骤

要有效实施全面预算，必须充分调动各级责任人的积极性与创造性，强化其责任意识，形成预算执行与控制的责任体系，保证预算执行的进度和效果。全面预算执行与控制的具体内容包括全面预算的分解、执行和调整等。

1. 全面预算的分解

（1）分期控制预算。预算一经批复下达，预算执行单位应将预算作为预算期内组织协调各项经营活动的基本依据，将年度预算细分为月份和季度预算，以分期预算控制确保年度财务预算目标的实现。

（2）分解预算以明确目标。将全面预算分解为部门预算，明确各预算执行单位的工作目标。

（3）确保责任到岗。各预算执行单位将预算指标层层分解，从横向和纵向落实到内部各部门、各单位、各环节和各岗位，形成全方位的预算执行责任体系，保证预算目标的实现。

2. 全面预算的执行

（1）预算启动。正式发布经过审批的预算，确保所有相关人员了解预算内容和要求；传达预算的重要性，及其与企业战略目标的关系。

（2）责任分配。为每个预算项分配责任人和监督人，明确各部门和个人的预算职责，确保每个人都清楚自己的预算责任和权限。

（3）实施控制措施。建立预算控制机制，如支出审批流程、预算调整程序等。制定内部控制标准，确保预算的合规性。制定控制措施后，更关键的在于措施的实施，以及在实施过程中不断优化的机制，形成良性循环。

（4）预算跟踪与监控。实时记录预算的实际执行情况，包括收入、支出和现金流。定期（每月、每季度）审查预算执行进度，并与预算计划进行对比。分析实际执行情况与预算计划之间的偏差，识别正负偏差，并查明偏差产生的原因，评估其对预算目标的影响。

（5）沟通与报告。定期向管理层和相关部门报告预算执行情况。通过会议、报告等形式保持预算信息的透明度和及时沟通。

3. 全面预算的调整

对于正式下达执行的预算，一般不予调整，但预算执行单位在执行中由于市场环境、经营条件、政策法规等发生重大变化，致使预算的编制基础不成立，或者将导致预算执行结果产生重大偏差的，可以调整。对于预算执行单位提出的预算调整事项进行决策时，一般应遵循以下要求：预算调整事项不能偏离单位发展战略和年度预算目标；预算调整方案应能够在经济上实现最优化；预算调整重点应放在预算执行中出现的重要的、非正常的、不符合常规的关键性差异方面。

6.3　项目化实施

企业项目化实施指企业的经营管理活动以项目的方式开展，其实施形式包括项目组合、项目集、单项目和运营等组件（组件指构成项目组合管理的各个要素），为组织提供了一种结构化的方法，使企业能够协调并有效地执行项目。项目组合、项目集、单项目和运营之间的关系如图 6-1 所示。

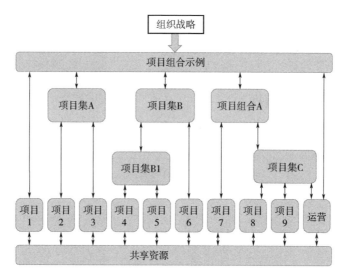

图 6-1　项目组合、项目集、单项目和运营之间的关系

（1）项目组合管理。项目组合管理是应用一系列以协调的方式进行管理的子项目组合、项目集、项目和运营活动而构建的。通过项目组合方式提高项目管理的效率，可以为组织提供期望的结果。

（2）项目集管理。项目集管理是将多个相关的项目整合在一起，通过协调和优化资源分配、进度安排和风险管理，以实现多个项目的整体目标和收益。

（3）单项目管理。单项目管理是将知识、技能、工具与技术应用于项目活动，以满足项目的要求。单项目管理的重点是在确定的时间、成本和规范的限定条件下，实现组织所要求的输出和成果的有效交付。

（4）运营管理。运营管理指企业在相对稳定的环境下，对工作内容清晰且重复的日常业务活动进行规划、执行和控制，以有效利用资源，实现组织日常业务运作的高效率和高效益。例如，企业流水线的生产、物料入库、财务报销、例行安全检查等都属于运营管理。运营管理具有目标静态化、内容明确化、流程规范化、行为标准化、组织专业化、工具信息化等特点。

6.3.1　项目组合管理

项目组合管理的实施包括明确项目组合经理角色、定义项目组合生命周期、做好项目组合战略管理和项目组合治理，以及有效开展项目组合实施活动。

1. 明确项目组合经理角色

项目组合经理是负责管理和优化一系列项目的集合，以确保项目组合与组织的战略目标一致的人。项目组合经理通过建立项目的选择标准和流程，组织项目选择和评审活动，定义项目优先级，统筹配置项目关键资源，对实现组织战略目标负责。项目组合经理与项目集和项目经理的角色不同，项目组合经理首先需要关注"做正确的事"，而项目集和项目经理主要关注"正确地做事"。

项目组合经理主要有以下 7 个主要角色职责：

（1）向组织决策部门提供项目投资决策信息。

（2）组织项目选择和优先级评审的会议。

（3）评估项目组合的战略价值。

（4）提供适当的建议或行动方案。

（5）提出组织资源分配的建议。

（6）监管项目组合的实施。

（7）收集并汇报项目组合绩效信息。

2. 定义项目组合生命周期

项目组合生命周期是在一个持续的时间框架内，发生在一系列项目组合、项目集、项目和运营上的持续过程。在项目组合生命周期中可能存在一个或多个项目组合。

项目组合组件的选择与授权可能是阶段性（如年度）规划或战略评审的一部分，伴随着季度/月度更新。一旦立项，项目组合的执行和监督就是持续进行的。当组织发生变革时，可能需要对项目组合组件做出调整。项目组合管理始于每个项目组合的启动，终于项目组合的关闭。

伴随着项目组合的推进，项目组合信息和决策将在各阶段传递。项目组合生命周期的阶段并非按顺序进行。例如，一个项目组合可能要进行多次规划，在综合考虑业务环境因素的基础上，将划分为较短时间的组合框架内执行。

在定义项目组合生命周期时，项目组合经理需透彻理解项目组合对组织的价值。项目组合生命周期的关键要素包括战略规划、组织的绩效标准，以及产品和服务的设计等。项目组合生命周期通常由以下阶段组成：启动、规划、执行与优化。

（1）启动阶段。启动阶段是一个重要的阶段，它拉开项目组合的序幕，通过正式确定业务和组织的目标与目的，为以前不相关的组件提供管理架构，并向利益相关方发布。项目组合启动定义了整个生命周期将如何管理项目组合及其组件。项目组合启动阶段包括以下 3 个主要目标：

1）验证商业和运营战略。

2）识别项目组合组件。

3）为项目组合及其组件定义长期路线图。

（2）规划阶段。规划阶段的主要内容是制订项目组合管理计划并达成共识。项目组合规划阶段包括以下 9 个主要目标：

1）确定项目组合内的组件范围。

2）申请并执行项目组合组件所需的预算。

3）项目组合及其组件间相互依赖关系的识别。

4）风险和问题的识别，以及应对计划的制订。

5）资源（人员、财务、资产和智力）需求。

6）项目组合组件的优先排列顺序。

7）治理机构/发起人和利益相关方责任的确认。

8）衡量成功的项目组合标准（财务的和非财务的）。

9）产品和/或服务的需求与规范。

（3）执行与优化阶段。执行和优化阶段包括项目组合的执行、项目组合的优化，以及项目组合的监督和控制。

1）项目组合的执行。项目组合的执行是通过各个组件和运营实施的。项目组合的执行包括：

①指导每个项目组合内所有组件的交付。

②积极管理和解决项目组合及其组件之间（有相互依赖关系的）和内部的风险与问题。

③引导项目组合和组件的沟通（包括在各个层级上的状态汇报）。

④根据需要，重新排序和变更子项目组合。

⑤以组件交付为基础，监督收益实现的潜能。

⑥管理分配给项目组合的有限资产和资源。

2）项目组合的优化。项目组合的优化是以最大化资源利用效率、风险与回报平衡，以实现组织战略目标。项目组合的优化是通过最大化可用的条件、制约因素和资源，使项目组合最大限度提高效率的过程。项目组合优化的主要目的是确保可用的人员、材料和财务资源被最好地应用于余下的项目组合的适宜组件。

3）项目组合的监督和控制。项目组合的监督和控制是为了监督项目组合绩效，提出变更建议。其目的是对项目组合或项目组合管理过程做出变更，包括执行、记录和沟通决策和采取行动，使项目组合的组件与战略保持一致性。

3. 做好项目组合战略管理

战略管理与项目组合管理保持一致，使组织的行动能够一贯地符合高级管理层和利益相关方的期望。项目组合的战略管理应该被视作一个双向的过程。除了应该在执行层面持续地监督战略和投资决策，还应该就战略决策和潜在的影响及可实现性提供反馈。

为了成功地管理项目组合，需要统筹考虑战略目的、战略目标和战略动议三个关键要素。项目组合经理需要保持一个长期的愿景，以便在组织考虑的这些要素之间执行有效的决策、风险管理和价值管理工作。

战略目的是项目组合的背景和原因。例如，为了获得更大的市场份额，为了进入新市场，为了提高盈利能力，为了提高客户满意度等。

战略目标是就如何达成该目的的一个选择。战略目标一般采用量化方式描述，如盈利能力、合规性、市场地位、生产力、社会责任等。

组织通过创造战略动议执行其战略，达成未来理想的状态。战略动议包括推动组织走向未来状态的项目集和项目，这套动议常常会涉及下列一个或多个因素：

（1）新的产品或服务。

（2）新的商业模式。

（3）新的能力。

（4）新市场与渠道。

（5）新的价值创造机会。

（6）突破性平台。

4. 做好项目组合治理

项目组合治理是在某个框架内的一套实践、职能与过程，以一套引领项目组合管理活动的基本规范、规则或价值为框架基础，优化投资并且满足组织的战略和运营目的。

项目组合治理使"正确的事"能够在正确的时间以所分配的充分资源来执行。治理机构通过为其制定指导方针来建立项目组合、项目集、项目的治理，同时将它们与组织战略联系起来，并验证整个结果。此外，项目组合经理负责确保项目组合组件之间适宜的沟通和协调。

5. 有效开展项目组合实施活动

项目组合实施活动包括5个方面：产能管理与规划、资源供需与优化、能力评估与发展、绩效报告与分析、平衡产能和能力。

（1）产能管理与规划。产能管理与规划分为产能管理、产能规划两部分。

1）产能管理。产能管理是项目组合管理中最复杂、最关键的方面之一，它强调了项目组合及其组件的整体资源需求。产能是为了成功地执行规划好的项目组合动议而满足总资源需求的组织能力。产能管理试图解决与项目组合及其相应组件的资源需求相关的冲突。它帮助识别需要什么资源、需要多少、何时需要资源来支持项目组合，包括持续优化以最大限度利用资源和最大限度减少资源冲突。

对于项目组合的执行而言，一个组织的产能或资源需求主要横跨4个重要类别：

①人力资本。可用的支持项目组合的人力资源。

②财务资本。可用的支持项目组合的资金。

③资产。可用的实物资产，如机器、办公空间、厂址等。

④知识产权。可用的专利、版权等。

2）产能规划。通过比照组织资源的可用产能测量项目组合的组件，从而了解资源需求，确保组织能够成功地按照项目组合中所定义的组件执行其商业动议。从项目组合的视角来看，作为需求管理的一部分，为了资源的分析与分配，总体的需求和可用的供应都应该被识别出来，并被编译成一个整体的供需概况。项目组合的供需概况提供了一个对所预测的资源统一而又全盘的视角。它还要捕捉对资源和投资的风险态度和阈值，这在定义资源分配、为项目组合组件排名、指定优先级、选择、持续地平衡和优化整个项目组合而做出权衡决策时至关重要。

（2）资源供需与优化。资源供需与优化共分为 3 个部分，分别为供应和需求分析、供应和需求分配、供应和需求优化。

1）供应和需求分析。供应和需求分析用于了解可使用的人力、财务、资产和智力资本的产能与能力，以便选择、投资和执行项目组合组件。产能与能力分析驱动着资源分配的决策标准，可能包括情景分析、定量与定性分析及风险分析。

2）供应和需求分配。供应和需求分配指根据市场需求合理地分配产品或服务资源的过程。通过项目组合组件的优先级排序清单、决策标准及产能与能力分析，共同使有效地分配资源成为可能，让项目组合需求得以平衡供应。根据每个动议的商业论证或计划，以及累计的资源列表和能力，项目组合所需的资源应被识别出来以反映需求，包括资金、其他的有形资产与无形资产、关键的人力资源、项目集和项目经理及主题专家等。资源分配的主进度计划对规划统一的项目组合的资源需求是非常必要的。

3）供应和需求优化。供应与需求优化涉及持续地测量和监督资源，以适合在项目组合的执行期间对所需的路线进行纠正和调整。持续地监督供应与需求的关系对项目组合的成功至关重要，在这个过程中要发挥项目组合经理的作用。

首先，项目组合经理要分析资源的使用和有效的项目组合组件变化的资源需求，以及按照资源的可用性规划和批准的项目组合组件资源需求等方面的信息。然后，项目组合经理要在正确的时间、用正确的资源、做正确的项目来分配资源，识别出正确的资源，在正确的时间把资源匹配给正确的项目。当资源受到制约时，组织可能无法完成规划的组件，进而可能需要重新调整项目组合组件的优先级，将资源分为共享资源、专用资源，或将项目外包，确保以有限的资源创造最大的价值。

（3）能力评估与发展。能力评估是关于组织拥有或不拥有什么，以及它能做和不能做什么的一个内部分析。

为了达成和保持完整的组织能力，提出以事实为基础的建议和制订可实现的计划。换句话说，能力评估分析了资源方面的优势与劣势，从而有助于项目组合的选择、投资、执行和优化。能力评估可以为组织提供有价值的信息，以便获得对组织当前状态的了解，识别现在和未来的组织能力差距，受理项目组合管理的阻碍、妨碍和障碍的信息，评估组织的敏捷力。

（4）绩效报告与分析。绩效报告与分析方法涉及识别、捕捉和分发数据，以及相关的进展、趋势的分析，有助于项目组合做出决策。

在绩效报告与分析中，产能和能力相关的参数数据贯穿项目组合管理的始终，这些数据是极其重要的，它们对建立历史数据和知识库也极具价值，可以在未来的战略周期或项目组合管理活动中予以利用。

（5）平衡产能和能力。为了高效地执行与优化项目组合，产能和能力需要平衡，以实现战略目的与目标，从而向组织交付价值。

组织变革管理是最优平衡项目组合需求的产能和能力的关键。组织变革管理是对组织进行系统性调整以适应外部环境变化或内部发展需求的过程。

项目和项目集都受需求驱动，试图填补与某些产品、服务或组织能力相关的能力差距。需求通过项目过程平衡，以便交付优化的解决方案。

在项目组合层面，能力差距也是通过产能和能力的平衡缩小的。在项目组合层面进行的平衡，并不涉及需求间的权衡，而是涉及资源的权衡，以便平衡组织的潜力、能力在其当前运营状态中的应用。平衡并不必然意味着要达到组织理论产能的最大值，并不是要最小化能力差距而不顾及其他因素。平衡产能与能力是复杂系统的一部分，并不是某项简单的任务。在复杂的系统内，组织需要考虑很多相互依赖的关系。

6.3.2 项目集管理

1. 项目集经理角色

项目集经理是由发起人或执行组织授权、带领团队实现项目集目标的人员。项目集经理对项目集的领导、实施、管控和绩效负责，并负责组建一支能够实现项目集目标和预期项目集效益的项目集团队。项目集经理的工作旨在确保项目集活动以一致的方式组织和执行，并根据既定的标准完成项目集的预期目标和预期效益。

项目集经理的主要角色是指导和监控项目集组成部分活动的输出和成果，并确保项目集能够适当调整和适应。项目集经理应确保根据利益相关方需要调整项目集组件，以满足组织的战略目标要求。项目集经理还应负责管理或协调在项目集交付效益过程中可能出现的复杂风险和问题。这些风险和问题可能源自成果、运营、组织战略、资源分配、外部环境、组织治理系统，以及与项目集利益相关方的需求、期望和动机有关的不确定性因素。

一般地，项目集经理应承担以下 9 项任务：

（1）带领和指导项目集团队在 5 个项目集管理绩效域（图 6-2）开展工作。

（2）主动与项目经理和其他项目集经理进行交互和沟通，为实现项目集的各个计划提供支持。

（3）与项目组合经理进行交互和沟通，以确保提供适当的资源和优先级。

（4）与治理机构、发起人及项目集管理办公室合作，确保项目集继续与组织战略保持一致。

（5）与运营经理和利益相关方进行交互和沟通，以确保项目集能够获得适当的运营支持，并有效地维持项目集所带来的效益。

（6）确保各项目集组件的重要性能够被项目集利益相关方认识和理解。

（7）确保项目集治理结构和相关的项目集管理流程能够帮助项目集及其组件的团队成功完成工作并交付预期的效益。

（8）将项目集各组件的可交付物、成果和效益有效地整合到项目集的最终产品、服务或成果中，从而使项目集实现其预期的效益。

（9）为项目集团队提供有效和适当的指导，提高项目集团队整体绩效。

2. 项目集管理绩效域

项目集管理绩效域是对项目集管理活动或职能相关领域的分组，包括项目集战略一致性、项目集效益管理、项目集利益相关方参与、项目集治理和项目集生命周期管理。

组织启动项目集以交付效益，并实现约定的目标，这些目标往往会对整个组织战略目标实现产生影响。实施项目集的组织考虑并平衡各组件间的不同需求、变更、利益相关方期望、要求、资源和时间冲突。项目集经理通过 5 个项目集管理绩效域开展指导、实施和监督活动，以实现预期目标和效益。

这些绩效域对于项目集的成功都是至关重要的。5 个项目集管理绩效域的定义如下：

（1）项目集战略一致性绩效域，指识别项目集输出和成果，以便与组织的目标和目的保持一致的绩效领域。

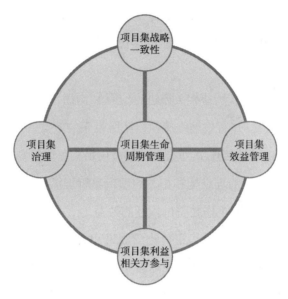

图 6-2　项目集管理绩效域

（2）项目集效益管理绩效域，指定义、创建、最大化和交付项目集所提供的效益的绩效领域。

（3）项目集利益相关方参与绩效域，指识别和分析利益相关方需求，管理期望和沟通，以促进利益相关方支持的绩效领域。

（4）项目集治理绩效域，指促进和执行项目集决策，为支持项目集而践行，并维护项目集监督的绩效领域。

（5）项目集生命周期管理绩效域，指为促进有效的项目集定义、项目集交付和项目集收尾，从而管理所需项目集活动的绩效领域。

这 5 个项目集管理绩效域在项目集持续期间同时存在。项目集经理和项目集团队就是在这些域中开展各自的工作。项目集的性质和复杂性决定了某个特定域在特定时间点所需的活跃程度。在项目集的整个实施过程中，每个项目集都需要实施这些绩效域中的一些活动。这些绩效域中的工作不是串行的，而是迭代的，还有可能需要经常重复展开。

3. 项目集实施活动

项目集实施活动是为支持项目集而开展的任务和工作，贯穿整个项目集生命周期。项目集实施活动包括项目集定义阶段活动、项目集交付阶段活动和项目集收尾阶段活动。

为了确保项目集成功，需在整个项目集生命周期中执行多个项目集支持活动。项目集层面这些活动的定义和术语与项目层面非常相似，但项目集管理比单项目管理更为复杂、管理难度也更大。项目集活动将在更高层级进行，不仅涉及多个项目和其他项目集，还要处理项目集与组织战略之间的联系。项目集活动通常将所有单个项目的信息进行整合，以反映项目集的视角。

项目集活动通过战略性方法实施规划、监督与控制，交付项目集的输出和效益。项目集管理支持活动需要与组织中的职能部门进行协调。项目集管理和治理的项目集活动包括项目集范围管理、项目集进度管理、项目集财务管理、项目集质量管理、项目集资源管理、项目集沟通管理、项目集风险管理、项目集采购管理、项目集利益相关方管理、项目集信息管理、项目集变更管理。

（1）项目集定义阶段活动。项目集定义阶段为项目集建立并确认商业论证，然后制订详细的项目集交付计划。这个阶段分为两部分：项目集构建和项目集规划。

1）项目集构建阶段。项目集构建活动分为支持项目集活动和核心项目集活动两部分。项目集构建阶段活动交互图如图6-3所示。

支持项目集构建活动包括项目集变更评估、项目集沟通评估、项目集初始成本估算、项目集信息管理评估、项目集采购评估、项目集质量评

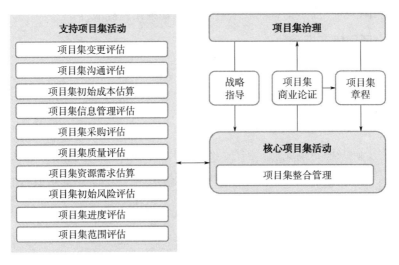

图 6-3　项目集构建阶段活动交互图

资料来源：项目管理协会，《项目集管理标准（第四版）》

估、项目集资源需求估算、项目集初始风险评估、项目集进度评估、项目集范围评估等。

核心项目集活动是以项目集治理为原则，以战略一致性为前提，以项目集商业论证和项目集章程为基础，构建核心项目集活动。在整合项目集管理活动时，有可能需要更新或优化项目集治理和项目集章程的内容。

图 6-3 的左半部分是支持项目集活动，右半部分是核心项目集活动。支持项目集活动的输出将为核心项目集活动提供输入，核心项目集活动也将影响或调整优化支持项目集活动。支持项目集活动与核心项目集活动互为指导、互为影响、互为约束、互为平衡，为项目集规划提供良好支持与支撑。

2）项目集规划阶段。项目集规划活动包括定义项目集组织、部署初始团队、制订项目集管理计划等活动。项目集管理计划是根据组织战略计划、商业论证、项目集章程和项目集定义阶段完成的评估结果制订。该计划包括项目集组件路线图和管理安排，用于监督与控制项目集的交付。

　　项目集规划活动通过项目集整合管理的核心活动支持项目集管理计划的制订。支持项目集规划活动包括项目集变更管理规划、项目集沟通管理规划、项目集成本估算、项目集财务框架制定、项目集财务管理规划、项目集信息管理规划、项目集采购管理规划、项目集质量管理规划、项目集资源管理规划、项目集风险管理规划、项目集进度管理规划和项目集范围管理规划等。这些项目集支持活动的输出将为制订项目集管理计划和开展项目集规划阶段整合管理活动提供输入。项目集规划阶段活动交互图如图 6-4 所示。

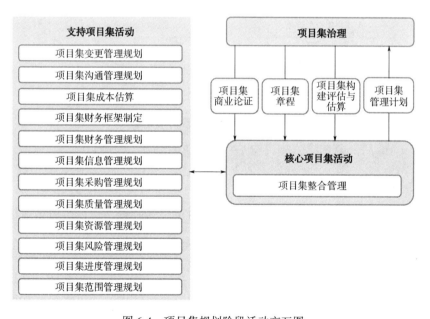

图 6-4　项目集规划阶段活动交互图

资料来源：项目管理协会，《项目集管理标准（第四版）》

（2）项目集交付阶段活动。项目集交付阶段活动包括协调和管理项目集实际交付所需执行的项目集活动。这些活动包括围绕变更控制、报告和信息发布所开展的活动，以及围绕成本、采购、质量和风险所开展的活动。这些活动提供了贯穿整个项目集生命周期的支持活动和流程，旨在提供项目集监督与控制职能。图 6-5 为项目集交付阶段活动交互图。

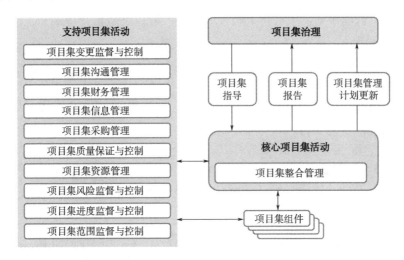

图 6-5　项目集交付阶段活动交互图

资料来源：项目管理协会，《项目集管理标准（第四版）》

项目集交付阶段活动包括项目集变更监督与控制、项目集沟通管理、项目集财务管理、项目集信息管理、项目集采购管理、项目集质量保证与控制、项目集资源管理、项目集风险监督与控制、项目集进度监督与控制、项目集范围监督与控制等。

这些项目集支持活动的输出将为核心项目集活动、项目集组件和项目集交付阶段整合管理活动提供输入。

（3）项目集收尾阶段活动

项目集收尾阶段活动是从项目集组件完成所有输出的交付，且项目集开始交付预期效益开始。在某些情况下，项目集治理可能决定在所有组件完成之前就提前执行项目集收尾。无论哪种情况，此阶段项目集活动的目标都是释放项目集资源，支持将剩余项目集的输出和资产（包括文档和数据库）移交给正在进行的组织活动。

项目集收尾活动通过支持项目集收尾和移交维持组织运营。项目集收尾阶段活动交互图如图6-6所示。

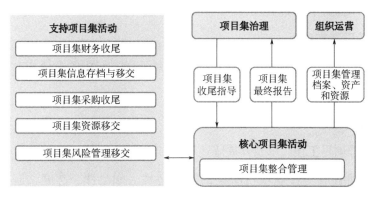

图6-6 项目集收尾阶段活动交互图

资料来源：项目管理协会，《项目集管理标准（第四版）》

项目集收尾阶段活动包括项目集财务收尾、项目集信息存档与移交、项目集采购收尾、项目集资源移交、项目集风险管理移交。

这些项目集支持活动的输出包括项目集最终报告、项目集管理档案、资产和资源，为项目集收尾阶段整合管理活动提供输入。

6.3.3 单项目管理

单项目管理是一种根据实现项目目标的需要，对组织过程和资源进行计划、组织、执行和监控的管理方法，一次仅管理一个项目。

1. 单项目经理角色

项目经理是由执行组织委派、领导团队实现项目目标的个人。项目经理在领导项目团队实现项目目标方面发挥着至关重要的作用。

（1）能力与技能

除具备项目所需的特定技能和通用管理能力，项目经理至少还应具备以下5个方面的能力与技能：

1）掌握关于项目管理、商业环境、技术领域和其他方面的知识，以便有效管理特定项目。

2）具备有效领导项目团队、协调项目工作、与相关方协作、解决问题和做出决策所需的技能。

3）形成编制项目计划（包括范围、进度、预算、资源、风险计划等），管理项目工作，以及开展陈述和报告的能力。

4）拥有成功管理项目所需的其他特性，如个性、态度、道德和领导力。

5）通过项目团队和其他利益相关方完成工作。项目经理需要依赖重要人际关系技能，包括但不限于领导力、团队建设能力、激励能力、沟通能力、影响力、决策能力、政治和文化意识、谈判能力、引导能力、冲突管理能力、教练技术。

项目目标的实现是衡量项目经理成功的标准，利益相关方的满意程度是衡量项目经理成功的另一个标准。项目经理应处理利益相关方的需要、关注和期望，令利益相关方满意。为了取得成功，项目经理应该裁剪项目方法、生命周期和项目管理过程，以满足项目和产品要求。

（2）项目经理角色

下面将项目经理角色与管弦乐队的指挥角色进行比较，以帮助理解项目经理角色。

1）项目经理整合的职责。项目经理和管弦乐队指挥都需要为团队的成果负责，需要从整体的角度看待团队产品，以便进行规划、协调和完成。首先，应审查各自组织的愿景、使命和目标，确保与产品或服务保持一致；其次，应解释与成功完成产品或服务相关的愿景、使命和目标；最后，应与团队沟通想法，激励团队成功完成目标。

2）项目团队成员专业的职责。一个项目和管弦乐队都包含很多成员，每名成员都扮演着不同的角色。一个管弦乐队可能包括由一名指挥带领的上百名演奏者，这些演奏者需要演奏几十种不同的乐器，组成了多个主要乐器组，如弦乐器组、木管乐器组、铜管乐器组和打击乐器组。类似的，一个项目可能包括由一名项目经理带领的上百名项目成员，这些项目成员需要承担各种不同的角色，如设计、制造和设施管理。与管弦乐队的主要乐器组一样，项目团队成员也组成了多个业务部门或小组。

2. 单项目生命周期

单项目生命周期指项目从开始到完成所经历的一系列阶段。项目阶段是一组具有逻辑关系的项目活动的集合，通常以一个或多个可交付成果的完成为结束。

（1）预测型项目生命周期。预测型项目生命周期主要针对需求范围相对明确的项目，该类型项目生命周期的各个阶段之间可能是顺序、迭代或交叠的关系。项目阶段的名称、数量和持续时间取决于参与项目的一个或多个组织的管理与控制需要、项目本身的特征及其所在的应用领域。阶段都有时限，有一个起始点、结束点或控制点。控制点也称为阶段审查、阶段关口、控制关口或其他类似名称。在控制点，需要根据当前环境重新审查项目章程和商业文件，并将项目绩效与项目管理计划进行比较，以确定项目是否应该变更、终止或按计划继续。

虽然每个项目都有起点和终点，但具体的可交付成果及工作会因项目的不同而出现差异。不论项目涉及的具体工作是什么，生命周期都可以为管理项目提供基本框架。图 6-7 为项目生命周期的通用结构，主要包括开始项目、组织与准备、执行项目工作、结束项目。

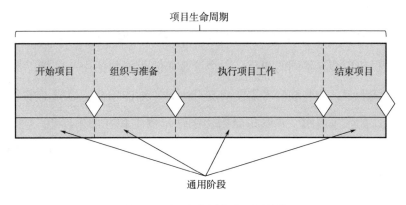

图 6-7　项目生命周期的通用结构

（2）敏捷型项目生命周期。敏捷开发的方法很多，下面以主流的 Scrum 方法为例说明敏捷型项目生命周期。Scrum 敏捷开发流程框架是一种广泛应用于软件开发领域的项目管理框架，尤其是在复杂和不确定性的环境中，它采用迭代的方式将软件开发过程划分为一系列固定的时间周期（又称为冲刺或迭代），每个周期结束时交付一部分功能，即一种迭代式增量软件开发过程。Scrum 强调团队协作、透明度和快速响应变化，使得团队能够更好地满足客户需求，提高开发效率和产品质量。图 6-8 为敏捷项目管理生命周期框架图。

在敏捷项目管理生命周期中，首先，产品负责人需要根据市场需求定义用户故事，并将定义好的用户故事放入产品待办表。其次，产品负责人

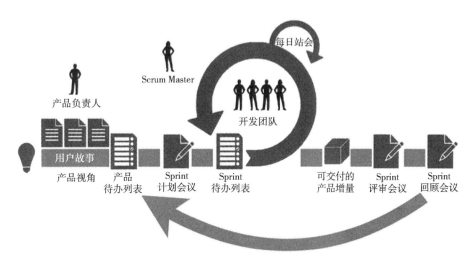

图 6-8　敏捷项目管理生命周期框架图

需要对产品待办表中的用户故事按价值大小进行排序。然后，产品负责人、敏捷教练和开发团队根据迭代周期选择价值最高的用户故事进入开发迭代。在迭代开发过程中，团队需要制订迭代开发计划，并开展每日站会对开发进展情况进行复盘。迭代周期结束后，交付相应的产品增量，邀请客户或利益相关方共同对增量产品进行评审，审核其是否满足要求。最后，在每个迭代结束时，敏捷教练还需要组织开发团队开展迭代回顾会议进行经验教训总结。

3. 单项目管理活动

（1）预测型项目管理活动。预测型开发方法也称为瀑布型开发方法，在项目生命周期的早期阶段就能确定项目范围、进度、成本、资源和风险。

该开发方法使项目团队能在项目早期阶段降低不确定性，提前完成大部分规划工作。在多数情况下，采用这种方法的项目都可以借鉴以前类似项目的模板。当涉及重大投资和高风险，可能需要频繁审查、改变控制机制及在开发阶段之间重新规划时，也可以使用这种方法。

　　预测型项目管理流程是一个连续的过程，由各种步骤组成，通常包括项目启动、项目规划、项目执行、项目监控和项目收尾五大过程，如图 6-9 所示。

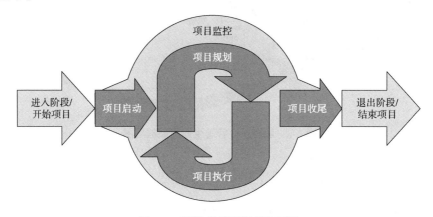

图 6-9　预测型项目管理流程图

　　1）项目启动。项目启动是项目管理的第一步，也是最关键的一步。项目启动阶段的目的是确立项目的基本框架，为后续的项目管理工作奠定基础。在项目启动阶段，需要明确项目的目标、范围、预算、时间表和所需资源，以及项目的组织架构和人员分工等。

　　2）项目规划。项目规划是项目管理的第二步，也是最复杂的一步。项目规划阶段的目的是确立项目的详细计划，为后续的项目执行提供指导。在项目规划阶段，需要制订详细的项目计划，包括时间表、成本预算、资源分配、风险管理等，同时还需要明确项目的质量标准、沟通计划、变更管理等。

　　3）项目执行。项目执行是项目管理的第三步，也是最具挑战性的一步。项目执行阶段的目的是完成项目的主要任务，实现项目目标。在项目执行阶段，需要按照项目计划实施各项任务，同时需要不断地监控项目进展情况，及时调整计划以应对变化。

4）项目监控。项目监控是项目管理的第四步，也是最关键的一步。项目监控阶段的目的是确保项目按照计划进行，完成预期目标。在项目监控阶段，需要对项目的进展情况进行持续的监测和评估，并及时采取措施以纠正偏差。同时，还需要保持与项目利益相关方的沟通，及时了解他们的需求和意见。

5）项目收尾。项目收尾是项目管理的最后一步，也是最容易被忽略的一步。项目收尾阶段的目的是确保项目顺利结束，为下一个项目的启动做好准备。在项目收尾阶段，需要对项目的成果进行验收，并编制项目总结报告。同时，还需要对项目所占用的资源进行清理和归档，以便于后续的管理和利用。

总之，科学的项目管理流程非常重要，能够帮助管理团队和管理人员实现项目成功和获得高质量的结果。从项目启动、规划、执行、监控到收尾阶段，每个步骤都非常关键，需要以充分的沟通、合作和领导力及高效的项目管理工具确保项目顺利完成，并实现预期目标。

（2）敏捷型项目管理活动。当项目开始确立时仅有明确的愿景，项目需求具有高度不确定性，且在整个项目期间将根据用户反馈、环境或其他因素的影响而发生变化，应采用适应型方法。适应型方法也称为敏捷型项目管理方法，包括迭代型方法和增量型方法。

在开发过程中，迭代型开发方法尝试通过不同的想法澄清范围、方法和需求，在最后一个迭代之前，迭代型方法可以生成具有足够功能、可以接受的可交付物。增量型方法是在一系列迭代过程中生成可交付物，每个迭代都会在预先确定的时间期限内增加功能，功能只有在最后一个迭代结束后才被视为完整。迭代开发方法是通过一系列重复的循环活动开发产品，而增量开发方法是渐进地增加产品的功能。

敏捷项目管理是一套迭代、增量式的项目管理方法，主要针对软件开发项目，强调团队合作、用户反馈、不断调整。与传统瀑布模型不同，敏捷项目管理将项目划分为多个短周期的迭代，每个迭代的持续时间一般为1~4周。下面具体介绍敏捷项目管理的几个关键过程，图6-10为敏捷项目管理关键过程图。

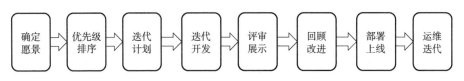

图6-10　敏捷项目管理关键过程图

1）确定愿景。在项目开始时，需要与客户充分沟通，明确项目的总体愿景和目标，包括定义项目要达成的商业价值、用户群体、需求范围等。一个好的愿景可以指导后续的规划和设计。确定愿景是一个持续的过程，随着对客户的进一步理解，会不断优化和完善愿景。

2）优先级排序。根据商业价值和客户需求，需要确定每一轮迭代的优先级功能和任务，通常可以使用故事地图等工具进行优先级规划。高优先级的功能会在早期迭代开发，低优先级的留在后期迭代。优先级不是一成不变的，产品负责人需要和客户密切沟通，持续关注客户诉求变化，项目过程中随时都可以根据新情况调整优先级。

3）迭代计划。在每一个迭代开始时，团队需要进行迭代计划，确定本轮迭代要完成的故事和任务，预估工作量并在团队成员间分配任务。迭代计划要匹配团队的实际能力，计划不应过于宏大或保守。需要关注团队因素，合理安排工作量，如果本轮迭代任务过重，应该考虑减少任务规模或延长迭代时间。

4）迭代开发。在迭代过程中，团队使用敏捷开发方法开展设计、编码、测试等工作。Scrum 框架中推荐使用站立会议、看板管理等方式提高开发效率。团队成员需要保持高效的协作，主动更新进度，发现和解决问题。可以适当引入竞赛、奖励等机制激励团队。

5）评审展示。每个迭代结束时，团队需要对外部客户进行成果展示，获取客户反馈意见，客户验证并接受本轮成果后，才能进入下一轮迭代。评审展示要重点关注客户体验，不能过于着重技术细节。展示方式也要适当加入互动、故事和乐趣，以增强客户参与感。

6）回顾改进。除了对产品进行评审，团队还需要对工作过程进行内部回顾，总结存在的问题和改进措施，以便更好地执行下一轮工作。回顾要诚实反思问题根源，不能简单归咎个人，需要建设性地提出解决方案，促进团队积极改进。

7）部署上线。产品开发到最后阶段后，需要进行部署上线。上线前需要进行全面测试，还需要准备上线说明文档，记录版本信息。上线初期可以先小范围上线，观察反馈后再推广，上线期间需要监控产品运行情况，快速响应问题。

8）运维迭代。产品正式上线后，仍需要持续关注用户反馈，维护和更新产品。可以建立发布日志，定期推出新版本，如果遇到需求变化，也可以启动新一轮敏捷迭代开发。

综上所述，敏捷项目管理强调按照小批量、频繁的迭代方式推进项目，与客户保持高度沟通和反馈，根据客户需求调整优先级并不断改进过程。相比瀑布模型，敏捷项目管理可以大大降低风险，使产品更快适应市场，满足客户需求。敏捷项目管理并非一成不变，而是在实践中不断进化。在具体运用时，还需要关注敏捷理论与实际项目的结合，既要灵活运用敏捷原则，又不能搞形式主义。另外，培养团队的敏捷意识和能力也至关重要。

6.3.4 运营管理

1. 项目管理与运营管理的关系

在企业及组织中，大多数工作可被定义为项目或运营。两个最大的区别在于项目是临时性的活动，项目工作在项目关闭后就结束了；而运营则是一个持续性的工作，支持组织业务的发展和完整的运行。两者既有区别也有联系，做项目要考虑运营活动，做项目离不开运营的支撑。项目和运营的关系见表 6-1。

表 6-1　项目和运营的关系

项目	运营
临时的	持续性的
创造独特的产品、服务或成果	生产重复的产品、服务和成果
有明确的终点，目标实现时，项目结束	实现目标后，会根据新的指令继续支持组织的战略计划
共同点：由人来做；受制约因素的限制；需要规划、执行和监控；为了实现组织的目标或战略计划	

2. 项目与运营之间的转换

从全生命周期管理来看，在做项目规划时就应考虑运营需求，即运营需求也是项目需要满足的目标之一。例如，IT 软件开发项目，在开发过程中就要考虑后期运营维护的需求，如维护网管系统、系统日志监测软件、可视化维护界面等；新建生产装置项目，要确保从项目到运营的无缝衔接。下面以新建生产装置项目为例介绍生产准备、试生产和预销售的运营活动与项目工作的融合。

（1）生产准备运营活动与项目工作融合。为了确保新建生产装置项目交付后有成熟的生产所需的原材料供应商和能够熟练上岗操作的生产人员，生产所需的供应商选择和生产人员培训就成为项目实施中不可或缺的一部分。

（2）试生产运营活动与项目工作融合。为了检验生产装置的产能、产量和产品的功能、性能是否能达到设计要求及验证工艺流程等，试生产运营活动就必须被纳入项目范围。

（3）预销售运营活动与项目工作融合。为了确保生产装置投产后产品能顺利进入市场，有序开展销售，在项目建设期间就需要考虑销售渠道建设、销售人员的产品知识培训，并积累早期客户，避免出现滞销带来仓储压力甚至停产现象，所以预销售运营活动也应被纳入项目范围。

上述 3 类运营活动与项目工作充分融合，是项目转运营的基本保障。另外，项目与运营会在产品生命周期的不同时点交叉，例如：

1）在新产品开发、产品升级或提高产量时。

2）在改进运营或产品开发流程时。

3）在产品生命周期结束阶段。

4）在每个收尾阶段。

在每个交叉点，可交付成果及知识在项目与运营之间转移，以完成工作交接。在这一过程中，将转移项目资源或知识到运营中，或转移运营资源到项目中。

第7章　企业项目化管理支撑层

7.1　组织和治理

7.1.1　项目组织结构

1. 组织结构概念及本质

组织结构是全体员工为实现组织目标，在管理工作中进行分工协作，在职务范围、责任、权利等方面所形成的结构体系，它反映了生产要素相互结合的结构形式。因为生产要素的相互结合是不断变化的过程，所以组织管理也是一个动态的管理过程。组织结构的本质是为实现组织战略目标而采取的一种分工协作体系，必须随着组织的重大战略调整而相应调整。在开展企业项目化管理的过程中，企业需要考虑组织结构的类型、特点和应用场景，使之与具体的项目相匹配、相适应。

2. 组织结构的类型

组织结构的类型不同，相应的项目管理模式也会不同。在不同组织类型中，资源协调、汇报关系、考核激励，以及项目经理的影响力大小都存在差异。组织结构的主要类型包括职能型组织结构、矩阵型组织结构、项目型组织结构、混合型组织结构等。

（1）职能型组织结构。按职能将企业划分为不同的部门，每个部门负责处理特定的业务领域，如人力资源、财务、市场、生产、研发、采购等。图 7-1 为职能型组织结构。

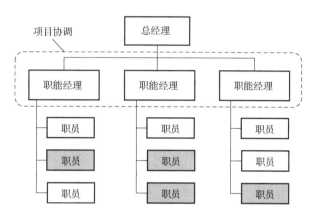

（灰框表示参与项目活动的职员）

图 7-1　职能型组织结构

职能型组织结构更适用于在某一个职能部门内开展的项目，由该职能部门负责人管理，根据项目需求由职能部门经理统筹分配资源。这种组织结构的优点是职责明确，由部门负责人直接进行项目工作的安排和调配，能够快速地共享和调动部门内的资源，运用部门的专业技术完成项目；缺点是跨部门资源协调困难，导致客户响应速度缓慢。职能经理担任项目经理角色，因其没有经过项目管理专业训练，难免出现管理效率不高、协调不到位、进度延误等问题。

（2）矩阵型组织结构。矩阵型组织结构是整合纵向职能部门资源，完成横向项目工作任务，从各职能部门抽调职员形成临时团队的一种组织形式。矩阵型组织结构如图 7-2 所示。

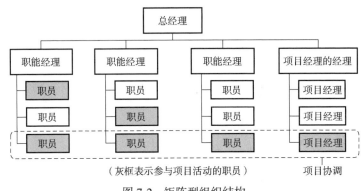

（灰框表示参与项目活动的职员）　　　项目协调

图 7-2　矩阵型组织结构

在矩阵型组织中，项目主战，职能主训，即项目经理对项目结果负责，职能经理负责培养和输送资源。

矩阵型组织结构可以提高资源使用效率，同时兼顾部门工作和项目工作。矩阵型组织结构也存在不足，如双重管理、多头汇报、沟通与激励困难等。矩阵型组织结构更适用于需要多种专业、跨学科的项目类型。

（3）项目型组织结构。项目型组织结构是针对企业项目特定任务设立的临时组织形式，通常跨越不同部门，由项目经理统一负责。项目型组织结构如图 7-3 所示。

项目型组织结构是最能有效支撑企业项目化管理的组织类型，根据项目需要，从不同部门协调资源形成团队，团队成员全职从事项目工作，并向项目经理负责。

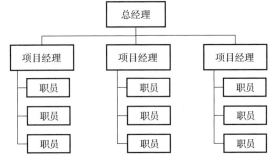

图 7-3　项目型组织结构

项目型组织结构的优点在于项目经理拥有最大权力，有利于资源的管控和对市场与客户的快速响应；不足之处在于项目资源无法共享，项目成员缺乏安全感。项目型组织结构主要针对重大和重要的项目。

（4）混合型组织结构。混合型组织结构是职能型组织结构、项目型组织结构和矩阵型组织结构的组合应用，可以是两种组织结构的组合，也可以是三种组织结构的组合，如图7-4所示。

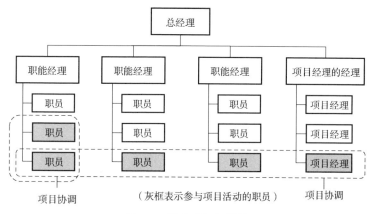

图 7-4　混合型组织结构

标准化产品的生产和运营一般采用传统的职能型组织结构，新兴产品的开发则采用项目型组织结构或矩阵型组织结构，当新兴产品成熟进入量产后，则又采用职能型组织结构。

职能型、矩阵型、项目型和混合型组织结构各有优缺点，企业在选择匹配的组织类型时需要综合考虑项目特征、目标定位、市场需求和技术复杂度等因素。在企业项目化管理中，各种组织类型是并存的。

7.1.2　项目治理

1. 项目治理的概念

项目治理是通过制定规章制度、流程和标准，对项目进行管理和监督，旨在确保项目按照计划顺利完成，有效地协调、沟通和制约不同利益相关方职责和权限，以实现预期目标。

2. 项目治理的内容

为了建立项目的决策和监督机制，项目治理在组织治理的基础上，明确审批角色、职责和权限，建立有效沟通机制，以结构化方式实施项目管理的指导、控制和协调，以实现组织战略。项目治理包括以下 6 个方面的内容：

（1）阶段关口或阶段审查。

（2）识别、上报和解决重大问题。

（3）开展项目知识管理并吸取经验教训。

（4）审查和批准超出项目经理权限的变更。

（5）明确伦理、社会和环境职责。

（6）执行法律、法规和标准的要求。

3. 项目治理体系

项目治理通过制定和实施适应性项目管理政策和流程，确保项目的顺利实施、高效完成，同时提高项目的效率和效益。通过项目治理，组织能够更好地利用资源，有效满足客户/用户的需求，提高产品和服务质量与竞争力。建立项目治理体系包括以下 6 个步骤：

（1）确定项目治理的目标和框架。设定项目治理的目标，包括提升项目成功率、提高决策效率、降低风险等。目标设定完成后，建立项目治理框架，框架应明确项目的所有角色和责任、决策过程、风险管理方法及信息沟通机制。

（2）设定项目治理的组织结构。设定一套有效的组织结构，包括项目经理、项目执行委员会、风险管理委员会等。这些角色和与之相应的责任需要在项目开始前被明确和传达。每个成员都要明确自身职责并理解自己如何为项目的成功贡献力量。

（3）制定和实施项目治理政策和程序。制定一套详细的项目治理政策和程序，明确项目应该如何进行，包括但不限于工作流程的明确、决策制定的规则、风险管理的步骤等。实施过程中需要定期更新以反映最新的最佳实践和反馈。

（4）制定并监控关键绩效指标（KPI）。定义一系列关键绩效指标衡量项目的进展和成功，包括预算使用情况、项目进度、质量指标等。定期监控这些指标，可以更好地掌控项目的状态并做出相应的调整。

（5）建立风险和问题管理机制。项目风险和问题是无法避免的，但可以设定一套机制识别、评估和处理风险。在项目启动之前，就需要识别可能的风险和问题，并提前设定预防和应对措施。在项目进行过程中，需要不断地管理和监控风险。

（6）推动持续改进。无论项目大小，都需要持续改进。需要定期审查项目的执行情况，了解执行效果，明确改进方向。

4. 项目治理与项目管理的区别

项目管理主要关注"怎么做"，包括定义、规划和执行具体活动，旨在通过项目实现组织战略和运营目标。项目治理则更关注"是什么"，包括决策和指导、监督等，旨在定义治理框架，确保项目战略和运营目标的实现。由此可见，项目治理更具有战略性且注重监督和指导，属于高层次的决策机制；项目管理更具有实操性，需要在项目治理的框架内开展工作。

7.2 流程与制度

流程定义了企业项目化管理需要做什么，制度则保证了流程和活动的顺畅落地。

企业项目化管理流程贯穿项目全生命周期，包括项目申报流程、项目审批流程、全面计划管理流程、全面预算管理流程、项目启动流程、项目规划流程、项目实施流程、项目控制流程、项目变更流程、项目验收流程和项目评价流程等。企业项目化管理需要有流程作为主线，从而使企业项目化管理工作达到流程化、标准化，进而实现信息化和数字化。

流程的顺畅执行需要相应的制度做保障，下面以企业项目化管理的立项、规划、实施控制、验收评价和综合性文件各阶段的制度为例说明。

企业项目化流程及制度如图 7-5 所示。

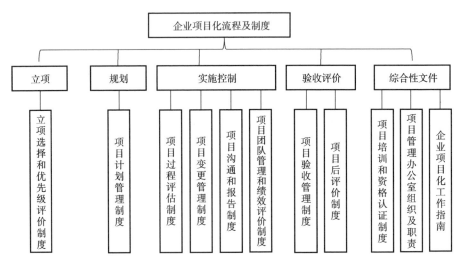

图 7-5 企业项目化流程及制度

7.3　项目化人才培养

人才是所有组织中最具创造力的资源，是企业项目化战略实现和各项任务完成的主体。企业项目化人才培养，是企业项目化管理系统中最具挑战性的一个领域。培养项目经理是企业项目化人才培养的关键，在企业项目化管理的支撑体系中，项目经理人才的培养工作涵盖定义角色和职责、构建项目经理的素质能力模型、开展项目经理的培训和认证、开展项目经理职业生涯规划等。

7.3.1　角色职责

企业项目化管理需要多种项目管理人才，如项目工程师、项目经理、项目集经理、项目组合经理、项目管理办公室人员等。

项目经理、项目集经理和项目组合经理的角色和职责见 6.3 节。

7.3.2　项目经理的素质能力模型

1. 背景

随着企业项目化管理应用的不断拓展，治理结构日趋多样化，外部环境复杂程度不断提高，新兴技术应用越来越广泛，跨公司、跨部门管理难度越来越大，项目经理的素质能力正面临着巨大挑战。项目经理如何打破以往传统的推、赶、抢、催的做法，无疑需要更新自身知识结构，提高素质能力，以适应新时代、新技术、新格局、新环境的工程项目建设与管理要求，创造项目管理专业价值。

2. 项目经理素质能力模型理论依据

项目经理素质能力模型理论依据主要参考以下 3 个方面：

（1）《项目管理知识体系指南（PMBOK®指南）》（第六版、第七版）。

（2）PMI《职业脉搏调查》。

（3）《项目管理专业人员能力评价要求》（GB/T 41831—2022）。

图 7-6 为项目经理素质能力理论依据关系图。

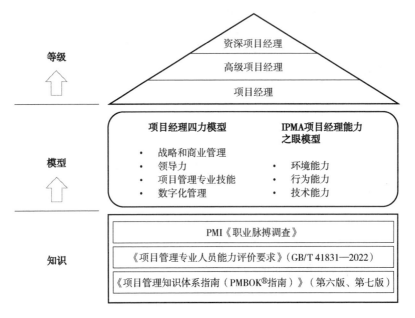

图 7-6　项目经理素质能力理论依据关系图

3. 理论依据说明

（1）《项目管理专业人员能力评价要求》（GB/T 41831—2022）和 PMI《职业脉搏调查》，虽然为知识要求、能力要求和经验要求等素质能力项提供了参考，但缺乏知识支撑。

（2）PMI 的"项目经理人才四角"素质能力要求的理论依据如下：

1）"项目管理专业技能"对应《项目管理知识体系指南（PMBOK®指南）》（第六版、第七版）的项目专业管理方法工具等。"项目管理专业技能"指完成工作的方式选择，主要包括敏捷和超敏捷、混合、设计思维、变革、数据收集和建模、挣值管理、治理、绩效管理、需求管理和跟踪、范围管理、风险管理、日程管理、时间、预算和成本估算。

2）"领导力技能"对应《项目管理知识体系指南（PMBOK®指南）》（第七版）的人员管理。"领导力技能"指驱动变革的技能，主要包括领导力、影响力、情商、适应性，以及积极倾听、沟通、头脑风暴、教练和辅导、团队合作、冲突管理、人际交往、谈判、解决问题的能力。

3）"战略与商业技能"对应《项目管理知识体系指南（PMBOK®指南）》（第七版）的环境管理。"战略与商业技能"是以战略思维理解和应用商业环境的技能，主要包括利益管理与实现、商业模式和结构、竞争分析、客户关系和满意度、行业领域知识、职能专用知识、市场意识、战略规划、分析、调整。

4）"数字化技能"对应 PMI《职业脉搏调查》中的技商管理。"数字化技能"指数字治理、管理与应用的能力，主要包括数字挖掘、数据仓库、数据安全、数据质量、数据分析、数据应用、数据伦理等。

5）"行业技能"是针对项目所处行业状况和特性的了解。"行业技能"指对行业的理解和应知应会的行业知识，主要包括行业发展历程与趋势、行业市场分布情况、行业价值链和生态、行业政策、行业监管要求、行业项目特性等。

（3）国际项目管理协会（IPMA）理论依据。基于 IPMA "项目经理能力之眼"的项目经理素质能力如图 7-7 所示。

技术能力	行为能力	环境能力
1. 成功的项目管理 2. 利益相关者 3. 项目需求和目标 4. 风险与机会 5. 质量 6. 项目组织 7. 团队协作 8. 问题解决 9. 项目结构 10. 范围和项目阶段 11. 时间和项目阶段 12. 资源 13. 成本和财务 14. 采购与合同 15. 变更 16. 控制与文档 17. 信息与文档 18. 沟通 19. 启动 20. 收尾	1. 领导 2. 承诺与动机 3. 自我控制 4. 自信 5. 缓和 6. 开放 7. 创造力 8. 结果导向 9. 效率 10. 协商 11. 谈判 12. 冲突与危机 13. 可靠性 14. 价值评估 15. 道德规范	1. 面向项目 2. 面向大型项目 3. 面向项目组合 4. 项目、大型项目、项目组合的实施 5. 长期性组织 6. 运营 7. 系统、产品和技术 8. 人力资源管理 9. 健康、保障、安全或环境 10. 财务 11. 法律

图 7-7 "项目经理能力之眼"的项目经理素质能力

1）技术能力。指项目管理工具、方法和技能。

2）行为能力。指人员管理的沟通、协调、谈判、情商等技能。

3）环境能力。指安全、环境、健康、组合管理等。

4. 项目经理素质能力理论对照

项目经理素质能力理论依据对照表见表 7-1。

表 7-1 项目经理素质能力理论依据对照表

理论依据	"项目经理人才四角"	"项目经理能力之眼"	《项目管理专业人员能力评价要求》（GB/T 41831—2022）	说明
能力项	项目管理专业技能	技术能力	知识要求	项目管理各项技能，如单项目管理、项目集管理、项目组合管理、敏捷项目管理能力
	领导力技能	行为能力	能力素质要求个人能力	人员管理各项软技能，包括谈判、沟通、利益相关方管理、情商等
	战略和商业技能	环境能力	能力素质要求环境能力	战略思维、竞争分析、环境把控、商业机会、变革管理、合规管理等
	数字化技能		能力素质要求技术能力	数据治理、数字管理、数字化转型、智慧决策、智能管理、AI 应用等

7.3.3 项目经理的培训和认证

在企业项目化管理的大趋势下，企业对企业项目化管理的认识和重视程度日益加深，企业项目化管理人才培养被不断地提上日程。企业项目化管理人才的主要培养渠道有正规院校教育、专业培训、自我学习和实践等。

目前我国多家大专院校开设了项目管理专业领域的学历教育，主要是对项目管理知识和方法进行教授，但很少有对企业项目化管理体系及操作等方面知识的相关讲授。

专业培训是专业培训机构立足企业项目化管理实践，为满足企业的不同需求提供的多层次的、具有针对性的培训服务。专业培训更侧重实际应用和解决问题，学习时间相对较短。企业实施项目化管理，几乎涉及企业的全体人员，不同角色的管理者会对项目化推行产生不同的影响。因此，针对不同角色，使他们理解项目化、项目管理，最基本、见效最快的方法就是进行外部机构的专业培训。

除外部专业培训，公司内部培训同样重要。公司内部的项目化管理培训不能对所有人一概而论，也不能只把目光放在少数人身上，而是要考虑企业中的全体人员，采用分层级循序渐进的方式。另外，内部项目经理的认证是对培训效果最有效的评估。只有将培训与认证挂钩，并且对认证通过者给予一定的制度倾斜，才能更好地调动参训人员的积极性，提高培训的有效性。

7.3.4 项目管理人员职业规划

职业生涯发展规划是个人对自己职业生涯的长期目标、短期目标及实现这些目标需采取的具体步骤和策略的系统性规划。它是一种自我管理工具，帮助个人在职业道路上做出明智的选择，实现职业成长和个人满足感。职业生涯规划是组织或项目人员个人把个人发展与组织发展相结合，对决定项目人员职业生涯的个人因素、组织因素和社会因素等进行分析，制订项目人员事业发展的战略设想与计划安排。以人为本、实行员工关系管理、切实提高人力资源管理的有效性，已经成为现代企业管理的必然选择，职业生涯规划的作用日益显著。

因企业项目化管理存在变革性和风险性，一般而言，项目管理人员比职能人员面临更大的职业挑战。随着市场竞争的进一步加剧，企业对项目化管理能力的需求也进一步加大。而企业帮助项目管理人员进行职业生涯规划、进行企业项目化管理人才队伍建设，有助于提高企业项目化管理能力。

项目管理人员希望通过项目管理实践提升自己的职业生涯，走一条从

项目经理助理、项目主管、初级/中级/高级项目经理、项目总监，直至
CPO和总经理的发展路径。图7-8为企业项目管理人员职业发展通道。

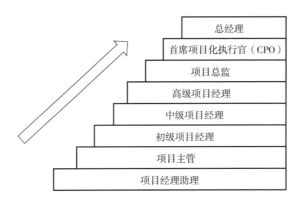

图7-8　企业项目管理人员职业发展通道

当前，越来越多的企业认识到项目管理人员职业发展的重要性，同时
为项目管理人员的职业晋升提供了明确的方向指导。项目管理人员与其他
职业发展通道对照图示例如图7-9所示。

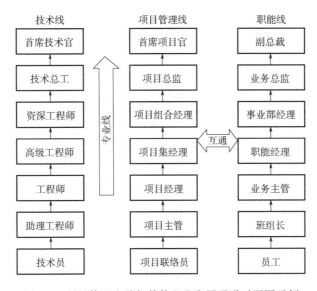

图7-9　项目管理人员与其他职业发展通道对照图示例

企业项目化的发展，使得员工在企业中的职业发展有了更多的选择余地和发展空间。员工可以从参与项目或者负责一个小项目开始，慢慢成长到能负责一个中等规模项目甚至是影响企业未来发展的大项目。更多员工追求的职位不再是有限的职能经理，而是更有广阔发展前景的、具有较大成长空间的企业项目化管理者。

7.4 信息化与数字化平台

7.4.1 项目信息化

1. 信息化的概念

信息化是以现代通信、网络、数据库技术为基础，将所研究对象各要素汇总至数据库，供特定人群生活、工作、学习、辅助决策等与人类息息相关的各种行为相结合的一种技术。利用信息化技术可以极大地提高行为效率并降低成本，为推动人类社会进步提供技术支持。信息化的基础技术包括计算机、通信技术、互联网技术、人工智能、大数据、云计算等。

信息化的核心是要通过全体社会成员的共同努力，在经济和社会的各个领域充分应用基于信息技术的先进社会生产工具（这些生产工具表现为各种信息系统或软硬件产品），以此提高信息时代的社会生产力，并推动生产关系和上层建筑的变革。这些变革体现在法律、法规、制度、规范、标准、组织结构等方面，进而实现国家综合实力、社会文明程度和人民生活质量的全面提升。信息化的内涵主要包括：

（1）信息网络体系。包括信息资源、各种信息系统、公用通信网络平台等。

（2）信息产业基础。包括信息科学技术研究与开发、信息装备制造、信息咨询服务等。

（3）社会运行环境。包括现代工农业、管理体制、政策法律、规章制度、文化教育、道德观念等生产关系与上层建筑。

（4）效用积累过程。包括劳动者素质、国家现代化水平和人民生活质量的不断提高，以及精神文明和物质文明建设不断进步等。

2. 项目信息化平台

项目信息化平台指利用信息技术手段，为项目管理提供支持的一种集成信息化系统。项目信息化平台通常包括软件设施和硬件设施，能够帮助项目团队在项目生命周期中提高效率、优化协作和增强决策支持。项目信息化平台可能包括以下功能和特点：

（1）项目管理核心功能。项目计划网络图、项目甘特图、PERT 技术、项目成本估算、挣值分析、基准比较、配置管理、问题管理、风险管理等。

（2）协作沟通功能。支持项目团队成员之间的沟通和协作，包括即时消息、电子邮件集成、讨论板、会议记录和文档共享等。

（3）文档管理功能。集中存储和管理项目文档，支持版本控制、权限管理和文档搜索等。

（4）报告和分析功能。生成项目状态报告、进度更新、预算概览和其他关键性能指标，以及提供数据分析工具，帮助项目管理者做出更明智的决策。

（5）风险管理功能。识别、评估和监控项目风险，以及规划风险应对策略。

（6）质量管理功能。确保项目输出符合预定的质量标准，包括质量控制、质量保证和持续改进过程。

（7）变更管理功能。跟踪和管理项目范围、计划或需求的变更请求。

（8）集成功能。与其他系统（财务系统、人力资源系统、客户关系管理系统等）集成，以实现数据的无缝流动和共享。

项目信息化平台的目标是通过自动化和集成化简化项目管理流程，提高工作效率，减少错误和重复工作。

7.4.2 项目数字化

1. 数字化的概念

随着众多信息通信新技术的迅速发展与普及应用，信息空间已经成长为第三空间，并与物理空间和社会空间共同构成人类社会的三元空间。在此背景下，新一轮科技革命与产业革命交互演进，面向组织的战略发展、业务模式、生产管理、运行管理等全方位的数字化转型已成为数字经济时代广大组织的"必选题"。以云计算、大数据、人工智能等为代表的新一代信息技术发展迅猛，成为驱动组织数字化转型的关键要素。组织需要通过深化应用数字技术，提升打造敏捷、韧性、创新的数字化能力，重构传统业务流程和价值链，推动实现全要素、全链条、全层级的数字化转型。

数字化转型是建立在数字化转换（Digitization）、数字化升级（Digitalization）基础上，进一步触及组织核心业务，以新建一种业务模式为目标的高层次转型。数字化转型是开发数字化技术及支持能力以新建一个富有活力的数字化商业模式，只有组织对其业务进行系统性、彻底的重新定义，转型才能取得成功。

2. 项目数字化平台

项目数字化平台是一种更为智能和高级的项目管理信息化平台，它结合了数据分析、人工智能、机器学习和数据可视化技术，以支持项目管理者在项目生命周期中做出更加精准和高效的决策。这种平台通常具有以下功能和特点：

（1）实时数据分析。提供实时数据监控和分析，帮助项目管理者快速识别问题和机会。

（2）预测分析。使用历史数据和机器学习算法预测项目结果和趋势，包括成本、进度、资源需求和风险。

（3）数据可视化。将复杂的数据转化为易于理解的图表和图形，帮助项目团队更好地理解项目状态和进展。

（4）决策支持工具。提供模拟和假设分析工具，允许项目管理者测试不同的决策场景，以找到最佳方案。

（5）自然语言处理。集成自然语言处理技术，以自动识别和分析项目文档中的关键信息和趋势。

（6）安全和合规性。确保数据安全和符合相关法规要求，包括数据加密、访问控制和审计跟踪。

项目数字化平台不仅提高了项目管理的效率和效果，还增强了项目团队的决策能力，使组织能够更好地应对项目挑战，提高项目的成功率。

第三部分

企业项目化管理实践

第 8 章 企业项目化管理文化实践

依据"4520"模型在 F 公司的实践应用情况,将企业项目化管理实践分为文化实践、战略实践、执行实践和支撑实践 4 个部分。F 公司的实践应用内容并非全部对应"4520"模型中的所有要素。

项目化文化是 F 公司企业文化的重要内容,是 F 公司核心价值体系的具体体现。F 公司项目文化是以品牌形象为外在表现、以企业理念为内在要求、以项目团队建设为重点对象的阵地文化,是项目管理理念、管理制度和员工行为方式的集中表现。F 公司的项目化文化建设包括项目愿景、项目使命与价值观、项目理念与精神、项目口号与氛围、项目文化宣贯和项目文化落地 6 个方面。

8.1 项目愿景

愿景造就动力,项目愿景能够使团队充满活力。项目愿景应具有清晰的目标,通过有效的沟通方式,与关键利益相关方共同制定项目愿景。项目经理的首要任务是确保项目发起人的项目愿景是清晰的,所有项目团队成员对项目愿景的理解是一致的。项目的目标与组织的总体目标一致,有助于实现组织的总体目标。

　　F 公司提出了"553"项目愿景规划，即"五个领先""五个高质量发展"和"三个并重"。"五个领先"指建管水平领先、工程质量领先、人才素质领先、经营业绩领先和企业治理领先。"五个高质量发展"指推动党建工作高质量发展、电网建设高质量发展、市场运营高质量发展、改革创新高质量发展和队伍建设高质量发展。"三个并重"指坚持目标引领与问题导向并重、高效发展与精益管理并重、干事创业与以人为本并重。F 公司"553"愿景规划如图 8-1 所示。

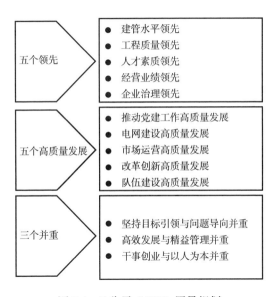

图 8-1　F 公司"553"愿景规划

　　项目经理应在"553"项目愿景规划的总体目标指导下，根据项目规模和特点，以及项目发起人的期待，制定每个项目具体的项目愿景。不同的项目愿景不同，但都要以遵循公司总体愿景为原则，同时每个项目的愿景也是企业文化的重要补充，是企业文化在生产流程中落实的体现。

8.2　项目使命与价值观

1. 项目使命

项目使命是项目存在的根本理由和目的，它阐述了项目旨在实现的核心目标和预期成果。F公司的项目使命服务于企业使命，通过项目的形式为企业创造更大价值。在企业项目化管理过程中，项目使命主要有以下作用：

（1）帮助实现企业目标。项目管理的核心使命是帮助企业实现其战略目标。项目管理团队通过制订详细的项目计划，将企业目标分解为可操作的具体任务，保障各部门之间的协调合作，以实现预期成果。

（2）提升运营效率。项目管理关注运营效率的提升，从项目立项到实施阶段再到项目完成后的评估反馈，每个环节都需要优化流程和提高效率。项目管理团队通过对项目流程的持续改进和优化，降低项目成本、缩短项目耗时，从而提高企业的整体运营效率。

（3）优化资源利用，实现价值最大化。项目管理注重资源的合理配置和有效利用。在项目实施过程中，项目管理团队通过合理分配人力、物力、时间、预算等资源，降低资源浪费，实现企业价值最大化。同时，项目管理团队还需根据实际情况灵活调整资源分配，以有效应对项目需求的动态变化。

2. 项目价值观

F公司以社会主义核心价值观为引领，做好国民经济保障者、能源革命践行者、美好生活服务者，为保障国家能源安全、推动能源转型、服务碳达峰碳中和发挥重要作用。F 公司加强工程施工全过程精细化管控，提升机械化智能化施工水平，形成了"协同、安全、创新、绿色、奉献、共赢"的电网施工项目价值观，如图 8-2 所示。

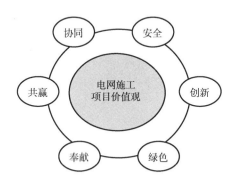

图 8-2 F 公司电网施工项目价值观

这些价值观具体包括：

（1）协同。强调团队合作和跨部门协作的重要性，确保项目各阶段、各方面能够实现无缝对接和高效执行。协同还意味着与外部合作伙伴、供应商和社区构建良好的合作关系。

（2）安全。将安全放在首位，确保所有施工活动严格遵守安全规定和标准，以保护员工、合作伙伴和公众的生命安全和身体健康。

（3）创新。鼓励在项目管理和执行过程中采用新技术、新方法和新思路，以提高效率、降低成本并推动电力行业的持续发展和创新。

（4）绿色。注重环境保护和可持续发展，通过采用环保技术和材料，减少项目对环境的影响，支持清洁能源的使用，并努力实现碳减排目标。

（5）奉献。鼓励员工展现高度的责任感和奉献精神，致力于提供高质量的电力服务，满足社会需求，在面对挑战和紧急情况时展现出卓越的职业道德。

（6）共赢。寻求与所有利益相关方（包括政府、客户、供应商和当地社区）建立互惠互利的关系，以确保项目的成功实施能够为各方带来利益，促进社会的和谐与繁荣。

这些价值观不仅指导着 F 公司电网施工项目的管理和执行，还体现了 F 公司对社会、环境和经济可持续发展的承诺。这些价值观的实践，展现出 F 公司是一家负责任、有担当的企业。

8.3 项目理念与精神

F 公司牢记电力事业是党的事业、国家的事业、人民的事业，始终坚持"人民电业为人民"的企业宗旨，围绕贯彻能源安全新战略，履行电力保供责任和可持续发展责任。下面以 F 公司电网施工项目为例阐述。

1. 项目理念

F 公司始终坚持把"忠诚担当、求实创新、追求卓越、奉献光明"的电力精神融入电网施工领域，全面贯彻新发展理念，形成了"安全第一、质量至上、效率优先、清洁低碳"的电网施工项目理念，并深入实施基建"六精四化"（图 8-3），推动科技创新攻坚施工生产难题，着力打造品牌卓著工程，不断满足经济社会发展和人民美好生活用电需要。

2. 项目精神

在电网施工中，F 公司逐步形成了"精细管理、科技攻关、卓越一流、服务社会"的项目精神。

在科研类项目当中，F 公司形成了六大科研类项目精神，如图 8-4 所示。

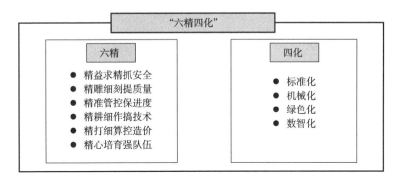

图 8-3　基建"六精四化"

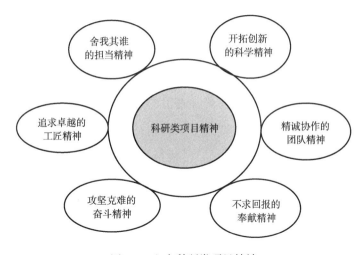

图 8-4　六大科研类项目精神

（1）舍我其谁的担当精神。舍我其谁的担当精神指项目经理或团队成员在面对项目挑战和困难时，能够主动承担责任，不畏艰难，不推诿责任，积极寻找解决方案，确保项目目标的实现。这种精神在项目管理中至关重要，因为它能够促进项目的顺利进行，提高团队的执行力和协作效率。

（2）开拓创新的科学精神。开拓创新的科学精神指项目经理和团队成员在面对项目挑战和机遇时，能够不断探索新的方法、技术和理念，以科学的态度和创新的精神推动项目向前发展。这种精神强调的是持续改进、追求卓越和适应变化的能力。

（3）精诚协作的团队精神。精诚协作的团队精神指项目团队成员之间建立起相互信任、尊重和支持的工作关系，共同为项目的成功而努力。这种精神强调团队合作、沟通和协调，以实现项目目标的高效执行。

（4）不求回报的奉献精神。不求回报的奉献精神指项目团队成员或领导者愿意为项目的成功和团队的利益而付出额外的努力和时间，即使这些努力不一定会带来直接的个人回报。这种精神体现了个人对工作的热情、对团队的承诺及对项目目标的忠诚。

（5）攻坚克难的奋斗精神。攻坚克难的奋斗精神指项目团队在面对困难和挑战时，展现出不屈不挠、勇往直前的态度，通过不懈努力和持续奋斗攻克难关，确保项目目标的实现。这种精神强调的是团队的决心、韧性和解决问题的能力。

（6）追求卓越的工匠精神。追求卓越的工匠精神指项目团队致力于追求最高品质和最佳实践，通过精细的工作态度、精湛的技艺和对细节的严格要求，确保项目成果达到甚至超出预期。这种精神强调的是对工作的热爱、对质量的执着和对完美的追求。

8.4　项目口号与氛围

1. "项目成功，我成才"的口号

F公司用特色实践丰富理论，持续强化党建引领力、宣传影响力和文化凝聚力，淬炼出"项目成功，我成才"的项目口号，锻造出项目精神。以项目口号和项目精神为核心营造沉浸式项目文化氛围，通过设计项目文创品、举办读书大讨论、布置现场文化氛围等一系列活动，推进"线上＋线下"文化活动的开展，多渠道、多形式建设可借鉴、可推广、有价值的先进项目文化。

2. 营造"愉悦工作、宽松交流"的工作氛围

F 公司注重营造"愉悦工作、宽松交流"的工作氛围，让员工在较为宽松的工作环境下充分发挥灵感和创造力。愉悦工作的工作氛围指企业应创造一种积极、健康、和谐的环境，使员工在项目工作中感到快乐、满意和受到尊重。这种氛围鼓励员工发挥自己的潜能，提高工作效率和创造力，同时增强员工的归属感和忠诚度。宽松交流的氛围指企业应创造一种开放、自由、平等和包容的沟通环境，鼓励员工之间进行无障碍的交流和信息共享。这种氛围有助于促进团队合作，提高决策质量，增强企业的创新能力和适应性。

F 公司为营造"愉悦工作、宽松交流"的工作氛围，将日常党建活动与项目文化氛围塑造紧密结合，融为一体，起到了很好的效果。

（1）红色主题教育活动与团队建设相结合。F 公司开展了以"传承红色基因，激发工作热情"为主题的系列教育活动。组织员工参观当地的红色教育基地，通过实地学习革命历史，增强员工的爱国情怀和团队凝聚力。举办党史知识竞赛，以趣味竞赛的形式加强员工对党的历史和理论的学习，同时增进部门间的交流与合作。结合红色教育主题，开展团队拓展训练，如模拟红军长征的徒步活动，通过团队合作完成任务，增强员工的团队精神和沟通能力。

（2）党建活动与企业文化节相结合。F 公司将党建活动与企业文化建

设相结合，举办了首届企业文化节。以"我的中国梦"为主题，鼓励员工分享个人梦想与企业发展相结合的故事，激发员工的积极性和创造力。展示公司的历史沿革、成就及员工风采，增强员工的归属感和自豪感。举办员工才艺展示晚会，提供平台让员工展现自我，增进员工之间的相互了解和友谊，营造宽松的交流氛围。

（3）党建活动与员工关怀相结合。F公司着重将党建活动与员工关怀相结合，结合党建活动，邀请专家为员工提供心理健康、健康饮食、日常锻炼、法律法规等主题讲座，关注员工的身心健康，营造愉悦的工作环境。

这些活动不仅增强了员工的党性教育，也提升了企业的文化软实力，为员工营造了更加和谐、放松的工作氛围。

8.5 项目文化宣贯

理念是高度提炼的一个短语或一句话，要把它变成员工的行为习惯确实不易。一个理念落实到不同的部门、不同的岗位或个人，其解读方式是仁者见仁、智者见智的。企业项目文化的打造也必须从理念和行为两个领域出发，让企业的项目理念促进企业和顾客之间、企业与利益相关方之间达成共识，让企业项目的行为习惯落实到每一名员工的行动中，最终成为员工的行为习惯，并逐渐成为企业获得竞争优势的重要方式。企业项目文化的最终追求是员工形成行为习惯、共同的行动模式及明确的价值行为选择。

F公司为了宣贯好项目文化，采取了"入心""入制"和"入行"三方面行动。

1. 企业项目文化"入心"：内化于心

项目文化"入心"指员工对企业项目文化高度认同。F 公司通过组织讨论、研讨企业项目文化核心理念活动和文化精髓，让全体员工感受、认同公司的企业项目文化。

项目文化"入心"是一个系统工程，需要潜移默化、润物无声，更需要全员参与，增加互动和体验。在省市分公司、不同的专业部门之间分专题、分层级进行讨论，是项目文化"入心"的有效方式。例如，员工围绕企业核心价值观联想发生在身边的事，谈认识、谈理解、谈做法，在活动中让项目文化"入心"。

F 公司为实现企业项目文化"入心"，采取了两种措施——"育心"和"入心"。

（1）实施"育心"工程。让全体员工深入认同和理解企业项目化文化。为推广和普及企业项目化文化，在各部门和专业分公司设置企业文化内训师专员，对企业文化内训师进行培训，通过辅导、演练，打造 F 公司企业文化内训师队伍。通过企业文化内训师的培训和宣贯，项目团队中的全体员工都知道并理解企业项目化文化。

（2）实施"入心"工程。为让员工认同企业项目化文化，推进实施全企业项目文化"生根"，落实执行 F 公司企业项目文化三年规划，并按照规划逐步实施，按照《F 公司企业项目文化生根推进实施考核办法》全面进行企业项目文化考核监督。

2. 企业项目文化"入制"：固化于制

企业项目文化"入制"指通过将项目文化核心价值观植入制度，使文化和制度匹配。F 公司为了固化优秀的项目文化，在企业文化的指导下，特别制定了适合企业项目化管理的文化体系，并将这些文化体系作为一个分支融入企业文化。

F 公司在企业项目文化"入制"方面，制定了完善的企业项目文化管理制度，将企业项目文化植入企业各项目实施环节，让团队成员在项目执行过程中充分感受项目文化。

3. 企业项目文化"入行"：践化于行

企业项目文化"入行"指通过将企业项目文化核心价值观和各种理念植入行为，使理念转化为行为，变成习惯，让全体员工践行、体验企业文化。

项目文化在日常活动中"入行"。F 公司为了让企业项目文化"入行"，将项目文化的精髓理论分为多个专题进行讨论，并形成部门、单位行为实施细则，同时加强传统活动的文化策划，在现有职工技能比赛、劳动竞赛、团拜会、文化体育等活动中践行项目文化。

项目文化在谈话制度中"入行"。F 公司在谈话制度执行中重视文化传播，要求各级领导干部在执行谈话制度时，切实按照"谁分管谁负责"的原则落实上级对下级的培养责任，即管工作就要管思想、管工作就要管发展、管工作就要负责提醒指导、管工作就要管企业文化和项目文化的引领。

8.6 项目文化落地

F 公司项目文化的落地通常以物质文化的方式开展、以有形的表现形式宣贯推动，促进员工无形的认同，从而转化为员工自觉行为。F 公司项目文化落地的有形行为包括：

1. 表情包宣传

通过设计一系列"合规君"表情包宣传，将项目文化的落地融入即时通信沟通交流。图 8-5 为"合规君"表情包示例。

图 8-5　"合规君"表情包示例

2. 项目文化衫、劳保用品宣传

在项目文化衫、工作制服、水壶、劳保用品上印刷项目文化宣传 LOGO，让项目文化随时随地可见。通过制作基建"十不干"工具包等特色样品，将安全文化与日常用品相结合，让安全意识在潜移默化中融入员工的工作生活。

3. 工程现场宣传

通过大型广告牌、横幅、宣传海报、易拉宝、便利贴等方式在实施现场进行项目文化宣传。

4. 互联网电子宣传

策划制作基建现场安全警示动画视频，利用互联网宣教安全管理理念和技术知识；策划安全文化文创产品，进行项目文化宣传。

5. 培训宣传

定期为技术骨干、管理人员等举办安全管理培训班，分岗位、分类别制作安全培训课件、项目文化手册等，择选关键岗位人员"现身说法"等方式进行项目文化宣传。

第9章 企业项目化管理战略实践

企业项目化管理战略为项目化的实施提供指导和指明方向。经过多年的企业项目化管理的实践，F公司形成了企业项目化管理战略路线图，如图9-1所示。

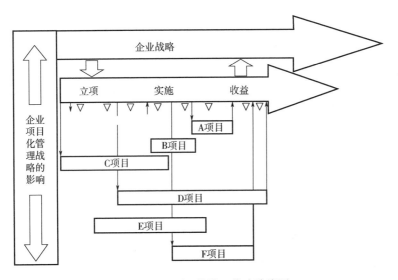

图9-1 企业项目化管理战略路线图

构建企业项目化管理战略路线图，首先需要确保所有项目与组织战略保持一致，其次需要从组织维度和专业维度将项目进行分解，最后需要将分解的所有项目按时间维度排列。通过该路线图可以清晰地了解企业所有项目的立项、实施、收益等信息，并进行相应的资源和预算配置。有效的战略实施需要其他相关战略的支撑，F 公司为此构建了企业项目化管理战略架构。

9.1　企业项目化管理战略架构

F 公司企业项目化管理战略架构包括基于战略的项目分解、项目平台战略、项目技术战略、项目能力战略、项目创新战略、项目数字化战略、其他职能战略 7 个部分，如图 9-2 所示。

图 9-2　F 公司企业项目化管理战略架构图

企业项目化管理战略如同一棵结满果实的苹果树，树上的苹果就是基于战略分解的项目，它是实现企业项目化战略目标的重要体现。树枝部分就是项目平台战略，把项目管理的流程、关键里程碑、模板、IT 系统等进行模块化和组件化，以便不同类别、不同规模的项目灵活调用，提高项目实施的效率和效果。树干部分就是项目技术战略，要求企业具有一定的技术基础储备，项目技术战略支持项目平台战略的实现。树根就是项目能力战略、项目创新战略、项目数字化战略，这是获得项目技术战略优势的能力基础。其他职能战略作为辅助系统，支撑着企业项目化战略的推进。

9.2 基于战略的项目分解

为承接总公司战略目标，F 公司制定了《F 公司战略落地实施方案》，明确了战略目标和指导原则，制定了战略落地的具体步骤和流程。根据总公司的总体战略部署，F 公司在战略落地实施方案的指导下，坚持问题导向、目标导向、结果导向的原则，积极承接总公司"强根筑魂、企业治理、电网升级、科技强企、精益管理、卓越服务、企业生态和数字转型"八大战略工程（图 9-3），并结合自身实际情况，形成八大战略落地工程，以及八大战略落地工程对应的 130 余项重点举措。

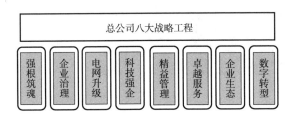

图 9-3　总公司八大战略工程

F 公司有一整套确保战略落地的项目规划体系和流程。

1. 总公司战略分解

F 公司的规划部门将总公司的八大战略工程落地分解为战略举措。以

"强根筑魂"战略工程为例，F 公司将"强根筑魂"战略分解为落实中央重大决策部署、党建高质量发展、党风廉政建设、打造高素质专业队伍和企业文化建设 5 类战略举措。

2. 分公司战略目标的确定

总公司的八大战略工程不仅要落实到总公司各职能部门，更要落地到各分公司，形成自上而下的分公司战略目标。分公司战略目标每五年一次滚动规划，总公司根据各分公司的战略目标匹配总体预算。

3. 分公司战略目标的项目化分解

各分公司在总公司匹配的总体预算范围内，根据自身实际情况和各项目的重要程度对项目进行排序，形成项目立项审批表，上报总公司审批后，形成分公司的重点储备项目。

9.3　项目平台战略

项目平台战略指在企业项目化管理过程中，将实施项目所需的能力标准化、组件化、模块化，从而大幅度降低开发、制造、采购等成本，加快项目交付的进度，提高产品市场竞争力。在研发方面，一个平台上实现了技术突破，将极大降低开发费用。同时，运用平台战略还可以在满足消费者个性化需求的同时，加快新产品、新项目推出的速度。

F 公司运用项目平台战略，不但大幅加快了项目的交付速度，而且大幅降低了项目建设成本。以项目管理流程平台战略为例，F 公司按项目规模分为单项目、项目集和项目组合 3 种，按业务分为工程建设、技改、科创、数字化、党建、财务、培训等 10 余个项目类别。F 公司从规模和业务两个维度对项目管理所需的流程进行了组件化开发。不同规模的项目所需组件不同，不同类别的项目组件也有差异。项目经理接手一个新项目时，只要从这两个维度对标，就能快速找到项目管理实施的流程、阶段输出及注意事项等，大幅增强了项目管理平台和组件在不同项目的适用性。

9.4　项目技术战略

F公司始终坚持科技是第一生产力、人才是第一资源、创新是第一动力的理念，深入实施技术驱动发展战略，持续激发创新活力。F公司不断加快关键技术、核心产品迭代升级和新技术智慧赋能，为提高国家能源安全和保障能力贡献力量。例如，攻克了特高压直流安全防御关键技术，具有自主知识产权的1000千伏交流、±800千伏直流特高压套管已实现工程应用，实现一批国产化替代；成功突破"卡脖子"技术，研制出了国产特高压分接开关，建成了新一代调度自动化系统等。

为了持续推动企业技术创新，F公司不断优化科研管理机制，坚持科技创新和制度创新"双轮驱动"。F公司强化科研管理，深化了项目评审、人才评价、机构评估"三评"改革，加大科研投入力度，建立了稳定支持和有序竞争相结合的经费投入机制。强化创新激励，推出"揭榜挂帅""项目总师""容错纠错"三项机制，试行"赛马机制""预算成本制"，加大对科技人员和科研团队的激励力度。强化科改示范引领，加大授权放权力度，不断释放企业技术创新活力。

F公司某科研院投入资源开展基础科技和课题的研究，有效支撑了项目的实施，改进了工程建设的工艺，提升了项目产品技术成熟度。以"赛马机制"为例，在某技术的突破过程中，与某高校进行合作。F 公司首先提出技术应用场景的需求，征集多所高校的预研合作意向并开展需求级研发合作；根据初步预研成果，从多所合作高校中遴选出 3 所进入项目级合作阶段；最后，根据项目合作成效，在 3 所合作高校中选择一家进入产品级合作阶段。通过"赛马机制"在技术战略中的实践，F 公司有效推动了技术创新并取得卓越研究成果，突破了项目中的多项技术瓶颈，确保了项目目标的实现。

9.5　项目创新战略

项目创新战略指通过创造性思维和方法，对项目的技术、管理、服务等方面进行革新，以实现项目目标的过程。

1. 项目创新组织

在项目创新战略上，F 公司各项目组始终坚持自主创新发展战略，在项目组织结构设计上，增加了项目创新管理角色，建立了高效协同的创新组织。

2. 项目创新体系

构建了层次清晰、职能明确、支撑到位的"总公司科研层面+分公司层面+项目层面"三级创新体系，各级创新体系相互协同，各有侧重。

（1）总公司科研层面。主要负责科技创新、机制创新、流程创新和管理创新等。

（2）分公司层面。主要负责组织创新、管理创新、流程创新、业务创新和服务创新等。

（3）项目层面。主要负责应用创新、工艺创新和管理创新等。

3. 项目创新文化

F 公司营造了良好的项目创新文化，在项目层面开展了项目文化的创新，引导并鼓励项目团队成员献言献策，对于提出创新方法、工艺、技术和工具的建议，一经应用并取得创新成效，就将在项目绩效中给予加分，并建议项目所属单位给予适当奖励。同时，对于创新成效显著的团队成员，树立标杆并在公司层面进行宣传报道，从而在项目层面上建立了良好的创新文化和氛围。

4. 项目创新成效

F 公司始终坚持在项目实践中的持续投入和高效整合创新资源，并取得显著成效。例如，F 公司研发了配网带电作业机器人、多工位自动充电机器人、移动共享充电桩、双碳创新充电站以及"空天地"立体智能巡检等多种创新成果。

项目创新战略发挥了项目团队的创新能动性，激发了创新内驱力，有效支撑了项目化的实施，并在加快项目进度、节约项目成本和提高项目质量等方面取得显著成效。

9.6 项目能力战略

能力战略指通过产、学、研合作，采用"双创"中心、孵化基地的形式，加强与科研院所、高校的合作，不断从外部获得项目所需的能力。

例如，F 公司与某大学、某自动化研究所重点聚焦基建工程三维空间安全电子围栏技术，共同开展基建北斗应用研究。积极推动研究成果的孵化转化，目前研制出的样机已在某 220kV 变电站扩容改造工程中试点，为进一步推广应用奠定了基础。

9.7　项目数字化战略

项目数字化战略指企业利用数字技术和数字化手段改变项目建设模式、流程、产品、服务、文化和价值创造方式，实现企业项目化战略目标的一种计划和方法。

1. 项目数字化战略编制方法

随着数字经济的到来，项目数字化战略呼之欲出，在企业项目化实施过程中，F 公司通过实践探索出一套行之有效的项目数字化战略编制方法。项目数字化战略模式如图 9-4 所示。

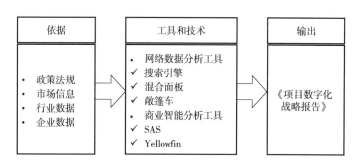

图 9-4　项目数字化战略模式

（1）收集信息。制定项目数字化战略时，从政策法规入手，根据市场信息，结合行业数据和企业数据，通过整理分析，作为项目数字化战略分析的参考信息。

（2）分析工具。采用搜索引擎、混合面板、敞篷车等网络数据分析工具，以及 SAS 和 Yellowfin 等商业智能分析工具，对相关数据进行挖掘、加工和分析，找出数字化对项目管理的应用场景。例如，项目工作分解、风险识别和跟踪、项目周月报撰写、项目绩效分析和预测等。

混合面板、敞篷车、SAS、Yellowfin 工具的描述如下：

1）混合面板。混合面板数据也称为纵向横截面数据或重复横截面数据，是同时具有时间序列和横截面两个维度的数据。

2）敞篷车是一种能够灵活转换、适应不同数据格式和需求的分析工具。

3）SAS 是一种集成的统计分析软件系统，用于数据管理、高级分析、商业智能、预测分析和数据可视化。

4）Yellowfin 是一种商业智能（BI）和数据分析软件，提供报告、分析和数据可视化功能，旨在帮助用户更有效地理解和操作数据。

（3）输出。对已搜集的内外部数据，通过专业数据分析工具进行建模和分析，输出《项目数字化战略报告》。

《项目数字化战略报告》的内容如下（包括但不限于）：

1）需要具备的条件。

2）应用场景。

3）管理制度。

4）人才要求。

5）新的业务机会。

6）数字化价值。

项目数字化战略作为项目管理的新要素，是项目信息化、网络化和智能化的基础，已经快速融入项目的启动、规划、实施、监控、收尾的各个管理环节，深刻影响并改变着项目实施方式、管理方式和治理方式。

2. 项目数字化战略编制流程

项目数字化战略编制流程包括 5 个步骤，具体如下：

（1）识别。分析当前内部资产、当前的数据管理政策、外部输入和市场数据。

（2）排序。为每个确定的数据来源分配相对优先级。

（3）设计。将优先输入的数据映射到相关目标，并设计输出格式。

（4）实施。向数据使用者宣贯数字化报告的目标和内容，以及阅读和应用方式。

（5）改进。定期或不定期审查和完善流程。

3. 项目数字化战略应用场景

在数字化转型方面，F 公司积极顺应电力行业的数字化发展趋势，通过引入智能电网、云计算、大数据分析等先进技术，优化电网运营管理，提高能源利用效率，提升电网智能化水平。此外，F 公司还十分重视提升客户服务体验，通过建设电子商务平台、推广移动支付等措施为用户提供更便捷、高效的电力服务。

数字化转型项目是企业推进数字化转型的重要方式。随着数字化应用场景的不断拓展和数字技术在各行各业的广泛应用，企业数字化转型已经成为当前的发展趋势。F 公司深入贯彻数字化发展决策，全力推进"数字大生态"建设，在智能决策、营销分析、客户服务、智慧工地、安全管理等领域的应用取得初步成效，并促进了组织变革和业务转型发展。

9.8　其他职能战略

企业项目化管理战略的实施离不开相应职能战略的支持如项目人力资源战略为项目提供人力资源支持、项目财务战略为项目提供预算支持、项目物资供应战略为项目提供设备和材料等的采购支持、营销战略为项目提供市场决策支持等。

  F 公司在企业项目化管理战略的实施过程中，特别注重与各职能部门战略的协同，并将主要协同流程通过 IT 系统固化，确保了企业项目化管理战略的顺利实施。

第 10 章　企业项目化管理执行实践

企业项目化管理的执行是投入组织资源、获得交付成果、实现项目收益的关键要素，主要包括 3 个方面的内容：一是全面计划管理实践，二是全面预算管理实践，三是项目化实施实践。

10.1　全面计划管理实践

全面计划管理是一种系统管理方案，它基于企业核心资源和发展需求进行综合平衡、统筹优化，形成统领公司全局的年度经营发展目标，全面落实公司战略和规划的系统实施方案；也是对企业项目储备、总控确定、计划编制、审批、下达、执行、检查、调整、考核与评价进行全过程管理的有效手段。

F 公司的全面计划管理，是从企业战略逐步分解到项目的过程，通常要经过规划前期、评审入库、下达计划、预算匹配、跟踪管控和后评价等步骤。

1. 全面计划管理原则

（1）围绕公司战略，落实发展规划，提升发展质效。

（2）适应变革要求，依法合规高效，提升管理效率。

（3）推动产业升级，分类分级管控，实现有效引领。

（4）统筹投入需求，优化资源配置，实现整体最优。

2. 全面计划管理的计划层级

全面计划管理可以从两个维度进行计划分解：一是目标维度，从战略到年度综合计划，以及从战略到项目计划；二是时间维度，从年度计划到月度计划。

（1）目标维度的计划分解。在企业项目化管理中，全面计划管理是将长期的企业战略细化为年度综合计划，同时依据企业战略目标生成项目计划；将项目计划按年度进行分解与汇总，然后将汇总后的项目年度计划与年度综合计划对齐；项目年度计划还需与战略目标匹配，以及与总体预算匹配，使项目与组织战略、组织总体预算保持一致。

（2）时间维度的计划分解。根据项目年度计划编制单项目计划，单项目计划要求细化到月度里程碑节点，当年的所有单项目计划与项目年度计划保持一致。

通过全面计划管理可以帮助各个项目更好地确定目标、分解任务、制定时间表、配置资源、明确职责等，有利于跨部门项目工作的协同，提高组织效率，实现组织发展目标。

3. 全面计划管理的作用

（1）保持战略一致性。在全面计划的分解中，从项目前期规划的初步可行性研究，到项目后续的详细可行性研究，都要确保项目的目标与组织的战略目标保持一致，以确保组织资源的统筹配置和有效利用。

（2）有利于统筹规划项目。全面计划管理将企业要做的项目统一纳入项目储备库，并对项目年度计划进行汇总，通过统筹规划，避免漏项。

（3）提高项目成功的可能性。通过系统化的规划和管理，以及综合计划与项目年度计划的协调一致，有助于识别潜在的问题和风险，并制定相应措施，从而提高项目成功率。

（4）有利于资源配置的优化。通过全面计划管理进行资源配置，包括人员配置、预算配置、物质配置、技术配置等方面，从企业层面进行资源平衡和资源平滑，进一步优化企业资源，缓解资源冲突，提高资源使用效率。

4. 全面计划管理的运作流程

F 公司全面计划管理的流程步骤分为确定总控目标、编制和下达计划、计划的执行和管控、计划的调整和变更。

F 公司全面计划管理运作流程如图 10-1 所示。

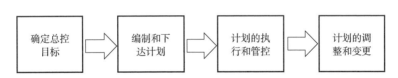

图 10-1　F 公司全面计划管理运作流程

（1）确定总控目标。总控目标是公司年度主要经营指标和发展投入规模的总体控制目标，是各单位综合计划建议编制的基础。总控目标由 F 公司提出建议，总公司统一决策确定下达。F 公司确定总控目标流程如图 10-2 所示。

图 10-2　F 公司确定总控目标流程

具体步骤如下：

1）项目入前期库。项目经初步可行性研究后进入前期库。首先，由 F 公司的直属单位、地市分公司和各职能部门根据实际需求申报项目，F 公司组织初步可行性研究的评审，通过审核后则可入项目前期库，前期库是项目经过初步筛选后进入的第一个库。初步可行性研究评审内容包括战略一致性、必要性、合规性、建设地点、建设规模、项目匡算和建设方案等，其中项目匡算将作为总控目标建议上报的依据之一。

2）总控目标建议上报（一上）。F 公司直属单位、地市分公司和各职能部门按照总控目标编制要求，根据经营实际和发展需求，以及前期库中的项目匡算，在确保落实 F 公司各项重点任务的前提下，提出下一年度主要经营指标和分专项投入规模建议，并上报 F 公司，F 公司履行决策程序后上报总公司。

3）总控目标决策下达（一下）。F 公司在接收到经总公司专业部门审核和统筹平衡的总控目标决策后，将总公司审核后的总控目标分解下达，作为直属单位、地市分公司和各职能部门编制综合计划建议的依据。

（2）编制和下达计划。确定总控目标后，F 公司组织综合计划编制和下达具体步骤如图 10-3 所示。

图 10-3　综合计划编制和下达具体步骤

具体步骤描述如下：

1）项目入储备库。该步骤是项目完成详细可行性研究并评审通过后进入储备库的过程。项目入前期库后，下一步还要完成项目的详细可行性研究。详细可行性研究的内容至少需要包括3个方面：一是项目的必要性，即阐述为什么要建设这个项目；二是建设方案合理性，即判断方案是否可行；三是投资预算的合理性，即考量预算是否合理。详细可行性研究完成后，F公司需组织专家进行评审，评审通过后，则正式进入项目储备库。项目详细可行性研究中的预算将作为综合计划建议上报的依据之一。

2）综合计划建议上报（二上）。该步骤是F公司根据项目储备库中的项目预算进行统筹平衡，之后再次上报总公司审批的过程。F公司会按照综合计划编制要求，根据总公司下达的总控目标及项目详细可行性研究后的预算，统筹平衡提出综合计划建议，履行F公司决策程序后报总公司。

3）综合计划决策下达（二下）。该步骤是总公司审核和批复F公司上报的综合计划建议的过程。总公司计划主管部门将F公司上报的综合计划建议分解发送至总公司各专业部门审核，总公司专业部门编制专项计划建议报告，计划主管部门统筹优化，提出公司综合计划建议，履行公司决策程序，形成公司综合计划方案，分解后下达至F公司。

4）各单位综合计划决策下达。该步骤是总公司综合计划下达后，F公司组织直属单位、地市分公司和各职能部门及时做好项目分解工作落实的过程。对自管规模，可根据实际需要进行分批分解。自管规模内实施项目，若在综合计划建议阶段公司已经决策，可直接分解实施；若未经决策，需履行相应决策程序后纳入计划实施。

（3）计划的执行与管控。总公司对各单位综合计划执行情况进行全过程监督检查。

F公司的计划主管部门定期开展综合计划执行情况分析，按季度对各单位综合计划执行进度、规范性等情况进行通报，不定期组织开展各单位计划分解与执行情况监督检查，检查结果纳入年终综合计划评价。

1）总公司专业部门定期开展本专业归口管理指标与专项计划执行情况分析，协调督导各单位推进计划执行工作。

2）F公司需加强计划执行过程管控，确保重点项目和主要指标可控在控。

3）F公司作为计划执行主体，要做好项目设计、招标、建设和资金使用等全过程管理，确保合规高效。

4）F公司计划主管部门会同专业部门定期进行综合计划执行情况分析，按月报送综合计划完成情况。建立指标与项目执行研判预警机制，协调督导本单位计划执行。

5）F公司综合计划执行过程中，若遇影响全年计划完成的重大因素，应及时向上级计划主管部门汇报沟通。

（4）计划的调整和变更。根据外部环境变化和生产经营实际需要，总公司和F公司可依据决策权限分别开展综合计划调整工作。各级"三重一大"项目需单独履行决策程序后，再进行调整。

1）总公司管理项目和各专项自管规模调整，由总公司在年度调整时统一决策并下达。

2）综合计划年度调整由F公司计划主管部门统一组织实施，F公司直属单位、地市分公司和各职能部门提出调整建议，经本单位决策后上报F公司，F公司审核通过后再报总公司。总公司计划主管部门将各单位计划调整建议分解到各专业部门审核，进而形成总公司综合计划调整建议，履行总公司决策程序后下达执行。

10.2　全面预算管理实践

1. F 公司全面预算管理概况

F 公司的全面预算管理包括资本性预算管理和成本性预算管理。本节重点探讨资本性预算管理，不涉及成本预算管理。资本性预算包含对 10 余类专项的项目投资建设预算。

资本性预算遵循"二上二下"原则，即总控目标建议上报（一上）、总控目标决策下达（一下）、综合计划建议上报（二上）、综合计划决策下达（二下）。

2. 全面预算管理的作用

（1）有利于保持项目总预算与总控目标一致。在全面预算管理体系中，预算总控目标由总公司下达，F 公司项目预算必须在该总控目标内，不得超出。若超出要走额外的审批流程，以此确保总控目标可控。

（2）有利于实现项目预算的精细化管理。储备库中的项目评审通过后，建设管理部门下达项目计划，财务部门根据建设管理部门的计划匹配相应预算，建设实施单位将相应预算分解到月并报至财务部，以便财务部每月为项目提供现金流支持。对于跨年度的项目，要将预算分解到多年的各个月份。

（3）有利于落实投资类项目管控。针对投资类项目，F 公司最主要的管理抓手就是项目全面预算管理，通过预算管理调整投资的重点方向和重点项目，以及通过全面预算管理的成本使用进度管理项目施工进度。

3. F公司全面预算管理实践

F公司全面预算管理覆盖项目全生命周期的7个阶段，每个阶段均纳入全面预算管理范畴，分别是匡算、估算、概算、预算、核算、结算和决算。

（1）匡算。F公司在项目前期规划过程中，先开展项目初步可行性研究，初步可行性研究内容需包括对该项目的成本预测，以便进行初步可研决策。由于处于项目前期，此阶段只是初步预测。

（2）估算。F公司在完成初步可行性研究之后，需进行详细可行性研究。详细可行性研究中的成本预测，要求结合现场勘察情况，根据勘察结果对成本预测进行进一步的更新。由于开展了现场勘察，此阶段的成本预测相对匡算而言更为准确。

（3）概算。F公司在完成详细可行性研究后，如果项目必要性和充分性均符合要求，则进入设计阶段。此阶段除了现场勘察，还要输出设计图样，这样项目范围定义更为清晰、对成本的预测更为准确。

（4）预算。概算需要与项目进度计划相结合，即将项目成本分解到每个时间段（一般按月），经评审委员会评审通过后形成该项目的最终预算，同时项目正式进入储备库。

（5）核算。F公司在项目执行过程中，需要对项目实际支出进行全过程管控，将实际支出情况与预算进行比较，发现偏差并采用相应的纠正措施，确保项目实际支出与预算相当。核算结果可以通过"网上电网"⊖数字化平台查看。

（6）结算。F公司在项目竣工后，根据合同向施工单位结算相关款项，完成项目的财务收尾工作。

⊖ F公司是一家电力能源企业。

（7）决算。F 公司在项目全部结束时，以实物数量和货币指标为计量单位，全面反映竣工项目从筹建开始到项目竣工交付使用为止的全部建设费用。决算数据为下一步的项目后评估奠定基础。

10.3　项目化实施实践

1. 项目组合管理

F 公司为实现总公司下达的战略目标，在总公司的总控预算目标下，按业务类别将项目划分为多个项目组合，如基建项目组合、技修项目组合、基础研究项目组合、教育项目组合、市场项目组合、党建项目组合等。

针对每一类项目组合，通常由一个专业部门负责。专业部门会以业务战略为指引，在总公司分专业总控目标的预算范围内，对这一类项目组合中的项目进行筛选，并对入储备库的项目进行优先级排序，确保优先级高的项目优先获得资源。

每一类项目组合包括一个或多个项目集、项目和运营，如基建项目组合包括 9 个地市的所有基建项目。

2. 项目集管理

F 公司在总公司战略的指导下，针对各类项目组合中相互关联的项目形成项目集进行统一协调资源与调度管理，大大提升了企业资源使用效率。

项目集按参与部门的不同可分为：

（1）专业部门内部的项目集。例如，针对基建项目，某市分公司内的所有基建项目，可将一个市级分公司分布在不同区县的基建项目整合起来，由地市项目管理办公室（Project Management Office，PMO）对所有资源进行共享和统筹管理，以实现"1+1>2"的效果。

（2）跨部门的项目集。例如，输变电项目既涉及建设项目，又涉及送配电项目。从主网到配网联动，同期建设，资源共享，需跨部门协同推进。

（3）大型复杂项目的项目集。以 F 公司某联网工程为例。该工程于2020 年获得国家发改委核准，2022 年竣工，打通了跨省联网新通道，优化了电网结构布局。该项目规模较大且较为复杂，既涉及基建工程项目，又涉及信息系统开发，还涉及技术攻关项目等。其基建工程为跨省建设，包含 A 省基建项目和 B 省基建项目。该项目资源统一由联合工程项目管理部统筹配置和协调，从而大大提高了资源利用率。

3. 单项目管理

（1）预测型项目管理。对于需求较为清晰的项目，如 F 公司的输变电工程建设项目，采用的是预测型项目管理方法和流程，将项目生命周期划分为 4 个阶段，分别是项目前期阶段、工程前期阶段、工程建设阶段和工程评价阶段，如图 10-4 所示。

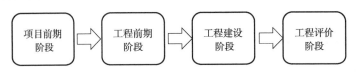

图 10-4　F 公司预测型项目生命周期图

在预测型项目生命周期中，阶段与阶段之间有着明显的界限，为了防控项目风险，只有上一阶段验收确认通过后才能进入下一阶段。例如，F公司某特高压项目就是按预测型项目生命周期进行管理的。

（2）敏捷型项目管理。对于需求不明确的项目，适合采用敏捷型项目管理方法和流程。例如，F 公司在数字化项目的管理过程中采用的就是敏捷型项目管理方法，总体分为 4 个过程，分别是项目构建和收益测算过程、项目规划过程、项目实施和监管过程、项目价值转移和关闭过程。其中，项目规划过程、项目实施和监管过程在项目生命周期中多次迭代。

1）项目构建和收益测算过程。F 公司数字化转型项目管理以总体构建和顶层设计先行，这一阶段需要明确项目目标、范围和预期成果，对齐项目的关键技术选型、架构设计及企业战略目标。精心设计的顶层规划能够为整个数字化转型指明清晰的方向、搭建稳固框架，确保所有后续活动和项目实施都能有效支持组织的长期战略和业务目标。

项目构建完成后，还要进行项目的收益预测，主要涉及对数字化转型的潜在收益进行详细的识别、量化和规划，旨在明确项目投资的价值回报，为决策提供坚实的数据支持。有效的收益规划，能让组织在项目初期就清晰认知预期成果，包括成本节约、效率提升、市场份额扩大、客户满意度提高等方面。收益预测不仅有助于优化资源配置，确保资源被投入最具价值的领域，还能够增强项目团队的目标导向性，提高执行效率。

2）项目规划过程。在数字化转型的过程中，每一个项目都应该贴合企业的长远规划和市场定位，助力提升企业的核心竞争力。通过高层次的规划引领，可以避免资源浪费和战略偏离，确保企业向着既定的目标稳步前进。

另外，在项目规划过程中，还要关注数字化转型项目的保障和支撑，不仅要确保技术和资源的有效应用，还要促进组织内部和外部协调一致，加强风险管理，激发持续创新，最终推动数字化转型取得成功。

3）项目实施和监管过程。在数字化转型项目实施过程中，主要工作是协调相关资源，执行计划工作，监控项目绩效。监管涉及对项目进度、质量、成本和风险等关键指标的持续跟踪和评估，以确保项目按计划执行并实现既定目标。监管的目的在于及时发现项目执行过程中的问题和偏差，采取措施进行纠正或优化，减少项目风险，提高项目成功率。数字化转型项目整合是将项目的各个部分和环节协调一致，形成一个统一的整体，包括项目内部任务和活动的整合，以及本项目与企业其他项目和战略目标的整合。

4）项目价值转移与关闭过程。数字化转型项目价值转移与关闭是项目管理生命周期的重要过程，其关键在于确保项目成果能够顺利过渡到日常运营，实现长期价值。这个过程不仅包括技术的移交，更包括知识、经验的分享，以及确保项目目标与企业战略目标保持一致。

4. 运营管理

F 公司在企业项目化管理的运营管理中主要涉及 3 个方面的工作。

（1）建设阶段需考虑运营要素。F 公司要求业务运营人员要提前参与项目建设，包括项目设备的选型，设备的安装工艺、运维参数等方面。运营人员的提前介入，可以让项目经理从项目生命周期的角度出发，统筹考虑项目建设和维护成本的平衡，确保项目整体效益的最大化。

（2）日常运营项目化。项目工作离不开日常运营的支撑，日常运营工作也可以按项目化方式进行管理。在项目工作中，将可复制的管理工作提炼为流程化、标准化和信息化的内容，从而实现项目管理中的运营化。在日常运营中采用项目管理，如特高压电网的运检工作，采用的是属地维护责任制，将其划分为南片区、西片区和北片区，每个片区设置若干个运营型项目，将这些运营型项目通过多项目管理方法进行管理，大大提高了管理效率。

（3）大型检修和技改项目化。在运营过程中，需要对设备进行大型检修或技术升级改造时，将每次大型检修或技术升级改造当作项目进行管理，以此提高运营效率，降低运营成本。

第11章 企业项目化管理支撑实践

11.1 企业项目化组织保障与治理

11.1.1 企业项目化组织保障

1. 企业项目化组织

在企业项目化管理的组织保障方面，F 公司设立了三级项目管理办公室（PMO）组织机构保障整个企业的项目化管理高效运作，如图 11-1 所示。

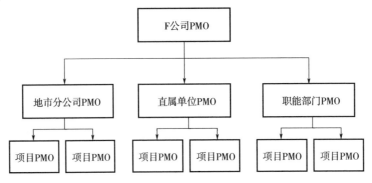

图 11-1 F 公司企业项目化管理组织保障体系

（1）在 F 公司层面成立 PMO 组织。该 PMO 组织并不是常设机构，而是一个虚拟组织，其成员由各相关部门的人员组成。在此虚拟组织中设置一名 PMO 领导，负责引领企业项目化管理工作的高效有序进行，同时负责项目化管理过程中重大事项的决策。该虚拟组织定期召开例会，以了解项目化工作的运行情况及存在的问题。

（2）在 F 公司各部门、地市分公司和专业分公司也设置了相应的二级 PMO 组织，一是承接 F 公司 PMO 下达的项目化工作任务，二是负责推动本单位项目化管理工作的高效有序开展。二级 PMO 组织采用虚拟组织形式，或安排 PMO 专员与分公司 PMO 相对接。

（3）针对中大型项目，在项目层面设立 PMO，负责本项目监督、协调和对外接口等工作。例如，某跨省联网工程项目和某特高压项目均设置了项目级 PMO。

2. PMO 职责分工

（1）一级 PMO 职责（F 公司）

1）支持组织的战略目标，确保项目与业务战略一致。

2）评估项目组合，优化资源分配。

3）提供项目管理最佳实践、模板和工具。

4）监控项目进度，确保项目按时、按预算和按质量完成。

5）提供项目管理培训和发展机会。

6）实施项目审计和风险评估。

7）作为项目、部门与高层管理者之间的沟通桥梁。

8）收集和分析项目数据，以改进项目管理和决策过程。

9）促进跨部门合作和知识共享。

（2）二级 PMO 职责（地市分公司 PMO 等）

1）承接 F 公司 PMO 下达的各项任务。

2）为项目经理培训赋能，确保项目化管理方法论落实到每个项目。

3）管理共享资源，优化本单位的资源分配。

4）监督项目进展情况并上报项目健康报告。

5）对本单位项目实施项目审计和风险评估。

6）促进知识共享和经验教训总结。

（3）三级 PMO 职责（项目层面）

1）收集项目绩效数据，分析偏差产生原因，提出纠偏措施，编制项目报告并发送给项目利益相关方，以监督项目状态。

2）对多项目所需的共享资源出现冲突时，进行调配和优化。

3）对项目中的关键利益相关方提出管理策略，协调利益相关方支持，维护利益相关方关系。

4）检查各专业对项目风险识别和评估情况，监控项目重大风险应对策略的有效性，以及重大项目的残余风险和次生风险。

5）代表项目组，做好对外接口联络和沟通。

3. PMO 人员能力要求

（1）丰富的项目管理专业知识和经验。掌握项目管理的基本原则和方法论，了解项目管理的各种工具和技术，如甘特图、挣值管理（EVM）等，熟悉所在行业的特点和最佳实践。

（2）良好的沟通能力。具备良好的书面和口头沟通技巧，能够与不同层级、不同背景的人有效沟通，能够清晰地传达信息、倾听他人意见并解决冲突。

（3）较强的领导能力。能够激励和指导项目团队，具备决策能力和解决问题的能力。

（4）优秀的组织能力。能够有效规划和组织项目活动，具备时间管理和优先级排序的能力，能够协调资源和处理多项任务。

（5）高效的团队合作能力。能够在团队环境中有效工作，具备协作精神，能够支持和帮助团队成员，能够建立和维护良好的工作关系。

（6）合格的道德和职业素养。遵守职业道德和组织的规章制度，具备高度的责任心和诚信意识，能够作为榜样，展示专业行为。

11.1.2　企业项目化治理

1. 企业治理结构

要了解企业项目化治理，首先需要熟悉中国特色现代企业治理机制。中国特色现代企业治理由 3 个主体构成，分别是党委会、董事会和经理层。图 11-2 为 F 公司企业治理结构图。

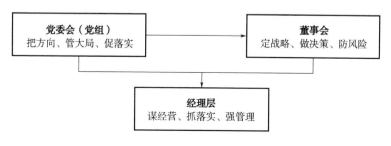

图 11-2　F 公司企业治理结构图

（1）党委会。发挥"把方向、管大局、促落实"的作用，对重大经营管理事项进行前置决策，事先研究把关并提出意见，确保重大决策符合党的路线方针政策和国家发展战略。

（2）董事会。发挥"定战略、做决策、防风险"的作用，负责制定公司战略目标、监督管理层执行业务、代表公司对外签约，以及维护公司利益等核心决策和管理职能。

（3）经理层。发挥"谋经营、抓落实、强管理"的作用，负责执行公司的整体战略规划，进行日常运营管理，确保实现党委会和董事会确定的战略和目标。

2. 项目治理结构

项目治理结构由项目投资委员会、项目领导小组和项目经理3个主要角色组成，各角色职责和分工不同。F公司项目治理结构如图11-3所示。

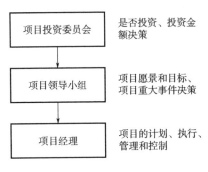

图11-3　F公司项目治理结构

（1）项目投资委员会。主要职责包括两个方面：一是负责审批和审议投资项目，包括对规定范围内的投资项目进行审批，对需要提交董事会或股东大会审议的对外投资项目进行审议；二是负责审批和审核其他投资相关的专项事宜，如对投资项目进行预评价。

（2）项目领导小组。负责项目的全面领导和协调，包括项目前期规划、审批立项、建设管理、竣工验收等全过程中的工作，并确保项目按照预定的质量、进度及投资范围顺利完成。负责项目资金的审批、拨付，项目建设进度的监督检查，协调解决工程建设中遇到的矛盾和问题，保证项目建设的公开透明和高效有序推进。

（3）项目经理。负责项目的整体规划、执行和监控，确保项目按预定目标、时间和预算顺利完成，包括制订项目计划、管理团队、协调资源、监控进度和预算以及处理项目中的风险和问题。作为项目团队与上层管理者、客户及利益相关方之间的桥梁，项目经理负责沟通项目状态，确保项目需求得到满足，并处理项目范围的变更，以保证项目按时交付并满足所有利益相关方的期望。

3. F 公司企业项目化治理结构

F 公司的企业项目化治理结构包括 3 个层次。一是总公司，主要负责下达投资总控目标，并且审批分公司上报的项目，监控资金使用情况等；二是分公司，主要负责统筹和上报分公司层面规划项目、排列优先级、资源共享和协调、项目效益评价等；三是地市分公司、直属单位和职能部门，主要负责项目的上报、审批后的项目执行、项目实施过程的管控等。

11.2　流程与制度实践

建立企业项目化管理的流程和制度是确保项目顺利进行的基础。F 公司建立项目化管理流程和制度的步骤主要包括：

1. 确定企业项目化管理目标

（1）明确项目化管理目的在于提高项目执行效率、控制成本、保证质量、降低风险等。

（2）确保企业项目化管理目标与组织的战略目标一致。项目化管理目标包括经营目标、进度目标、成本目标和质量目标等。

2. 制定企业项目化管理框架

（1）确定企业项目化管理"4520"框架（见 3.1 节）。

（2）制定项目管理的基本原则，如项目经理负责制、团队合作、持续改进等。

3. 建立企业项目化管理流程和制度

建立项目化管理的流程和制度，让项目从业人员都能有章可循。

首先，建立企业项目化管理的总体流程。从公司的战略开始，根据公司的总体战略，制定企业项目化管理的战略，根据项目化管理战略进行全面计划管理，将战略转化为各类项目，并对项目进行分层、分级、分专业管理。

其次，单项目管理是企业项目化管理的基础。企业项目化管理的流程和制度从单项目管理的流程和制度开始。

F 公司的项目化流程和制度，主要包括通用管理制度、项目管理制度和文件、项目管理流程、外部支持政策和配套职能管理政策文件 5 个部分：

（1）通用管理制度。包括《基建项目管理规定》《工程进度计划管理办法》《工程验收管理办法》《业主项目部管理办法》《基建信息化管理办法》《工程设计施工监理招标集中管理办法》等。

（2）项目管理制度和文件。包括计划管理文件、前期管理文件、技术管理文件、技经管理文件、招标管理文件、物资管理文件、合同管理文件等。

（3）项目管理流程。包括项目全生命周期管理流程、项目策划流程、前期管理流程、开工管理流程、过程管理流程、投产管理流程、资金支付及结算流程、总结评价流程、特高压专篇流程等。

（4）外部支持政策文件。包括《关于电力实施建设补偿标准的指导意见》《关于进一步规范建设项目使用国有林场林地审核管理工作通知》《关于调整简化部分审批事项和申报材料的通知》《关于做好新土地管理法实施后建设用地报批有关工作的通知》《关于用林审批协调备忘录》《关于电力设施建设与林地管理合作框架协议》等。

（5）配套职能管理政策文件。绩效考核管理制度、财务管理制度、采购管理制度、人力资源管理制度、合同管理制度、安全管理制度、合规管理制度等。

11.3　人才培养实践

人才的培养是实施企业项目化管理的前提条件，F 公司非常注重项目化管理人才队伍建设，重点从以下 5 个方面开展项目化管理人才培养：

1. 做好项目化管理人才培训

F 公司按分级分类进行项目化管理相关课程培训。针对普通员工、项目经理、项目集经理、项目组合经理、PMO 经理制定不同培训重点，分级安排培训内容。表 11-1 为企业项目化管理人才分级培训内容表。

表 11-1　企业项目化管理人才分级培训内容表

对象	培训重点内容
普通员工	侧重于理念建立，对其进行基础知识概要及企业项目管理制度的宣贯与培训，引导员工尽快熟悉企业项目化管理的工作理念
项目经理	侧重于对项目管理知识体系的学习，使他们系统掌握项目化管理的基本知识，推动企业的项目化管理标准化建设
项目集经理	参加项目集管理方面知识的培训
项目组合经理	参加项目组合管理方面知识的培训
PMO 经理	参加组织级项目管理或企业项目化管理方面的培训

2. 做好项目经理资质认证和职业规划

F 公司开展项目经理资质认证和项目经理人才队伍建设。一是开展项目管理培训认证，鼓励现场项目人员取得项目管理资质证书；二是培养全能型项目经理，选拔优秀项目经理到核心业务岗位培养锻炼，提升综合能力与素养，做好人才梯队建设。

F 公司规定，项目经理需由具备以下条件的管理人员担任：具备项目综合管理能力和良好协调能力，具有 3 年以上同类项目从业经验，通过总公司或分公司级单位组织的培训并考核合格，持证上岗。F 公司项目经理资质认证分为 A、B、C 3 个等级（向下兼容），其中 A 证适用于 500 千伏及以上项目；B 证适用于 220（330）千伏项目；C 证适用于 110 千伏及以下项目。凡是参加过系统性项目管理专业知识培训的员工，均可报名参加公司每年一次的项目经理资质认证，认证考核方式有 3 种，闭卷笔试主要考核员工的项目管理知识；案例研讨主要考核员工在项目模拟环境中的沟通、协调、处理问题等项目管理能力；面试主要考核员工的项目管理经验及其对项目化管理的理解。

3. 精心培育专家人才队伍

F 公司建立专家工作室，为电网建设施工专家人才、技经造价人才制定"一人一策"培育计划，依托省内大型输变电工程和省外特高压工程进行精准培养。通过薪酬兑现、奖金激励、进修学习和带薪休假等措施保障各级各类专家人才待遇，增强其荣誉感、获得感。推荐优秀骨干人员、技经人才到 F 公司相关部门进行人才交流与挂职锻炼，助力他们实现业务能力和综合素质的双提升，为选拔和培育更多的"大家""大师""大工匠"营造良好孵化环境。

4. 畅通职业发展通道

F 公司加大"职务、职员、专家"并行互通力度，坚持以能力、业绩为导向选拔任用人才，建立"赛马"机制，定期组织中高级岗位"竞聘择优上岗"。

5. 拓展管理人才培养方式

F 公司拓宽柔性组织的应用范围，探索在建管、设计、造价、监理等业务中组建攻关型、协调型等柔性组织的方式，逐年明确攻关课题。此外，通过特高压等重点工程建设，搭建基建培养平台，探索跨单位合作式专业培训或培养模式，通过开展项目合作、学术交流等活动，提升项目管理专业能力及综合素质。

11.4　信息化实践

企业项目化信息化的目的在于提升项目管理的效率和质量，减少项目过程中的人力资源和时间浪费，同时提高项目管理的可靠性和透明度。

在信息化实践过程中，F 公司主要采用"1+N"信息化模式。其中，"1"指总公司开发的一套"网上电网"平台。该平台目前已经上线，并在全系统范围内投入使用，所有项目从出生到结束都要在此平台上登记并接受全过程管控。新录入"网上电网"平台的项目，经审核后会分配一个项目编号，此编号与企业的 ERP 系统对应。项目从规划、立项到计划、建设、到投运全流程都在此平台留痕，项目的全流程基本实现了信息化和数字化。"N"指在"网上电网"平台上，项目的各阶段需用到各专业系统的数据，所以各专业系统数据会同步共享到项目管理"网上电网"平台，以实现信息的共享和使用。例如在匹配项目预算时，就需要打通"网上电网"系统与财务部系统数据。

除此之外，涉及的专业系统还有物质管理系统、财务系统、ERP 系统、规划管理系统、安全管理系统、质量管理系统等。

第12章 企业项目化管理成效

12.1 保障战略落地和企业运营效率提升

F公司以企业项目化管理战略为指引，通过全面计划管理和全面预算管理，对项目进行择优选择，确保项目效益最大化，通过项目组合管理、项目集管理和项目管理等方式推动战略落地。通过企业项目化管理，将企业生产经营管理活动按项目方式开展，采用统一管理方法、有效配置资源、落实责任、建立有效沟通机制、完善项目跟踪和监督检查体系，更好地提高了企业运营效率、实现了组织战略和经营目标。

12.2 实现"以项目为中心"的转变

1. 构建了"以项目为中心"管理体系

在企业项目化管理实践中，F公司构建起项目组合、项目集、项目和运营四级联动，高效协同的企业项目化管理体系。通过公司的"网上电网"信息化系统的早期介入，拉通项目的端到端运作，实现真正意义上的项目化运营模式。项目化运营模式能够确定各类项目的责任中心定位，并围绕定位合理授权，使后方支撑平台能够快速响应来自项目的需求，通过前方拉动、推拉结合，实现资源的高效配置。F公司通过从"以职能为中心"向"以项目为中心"工作方式的转变，较好地避免了大公司职能组织之间机构臃肿、流程烦琐、推诿扯皮的现象，显著提高了项目执行效率。

F公司在"以项目为中心"工作方式转变过程中，不仅注重业务前端项目形式的运作，还为项目提供全面支持的管理支撑系统。这是一个拉通业务前端和后端的完整架构，涉及人、流程、知识和战略等诸多方面，需要上下协同，左右联动。

2. 形成了以项目为最小经营单元的新模式

在实践中，F公司的管控目标已逐步从中央集权式管理向扁平化管理转变，赋予一线组织责任与权力，为后端组织赋能并实施监管。这种组织模式虽然能够大幅提高市场响应速度，但也对组织的横向协同提出了挑战。目前，F公司已建立起一个有效的项目信息化管理平台——"网上电网"平台，该平台能够在细化流程、完善数据、传递信息、明确职责等方面，为一线项目人员提供了指导和帮助。未来，随着信息化程度的提高，将逐步实现决策前移。

F公司运作模式的改变意味着项目团队将被激活，职能部门将逐渐发展为能力中心、资源中心，而不再只是权力中心。只有实现"以项目为中心"，才能更好地促进跨职能部门的协同，从而提高竞争力。项目是公司经营管理的基础和细胞，加快从"以职能部门为中心"向"以项目为中心"的运作机制的转变，只有高质量的项目经营，才能有效助力整个公司的高质量发展。

3. 加强了项目团队的建设

项目经理是整个项目的负责人，承担项目建设和管理责任。

F 公司建立了一整套项目团队的培养及选拔制度，打造了成熟的流程、优质的管理队伍。通过战略预备队的方式建立起项目管理的干部池、专家资源池，通过人员循环流动任职的方式，把先进的方法、高效的能力传递到项目现场。

此外，F 公司还建立了 A、B、C 三级项目经理等级认证制度，由低到高分别对应 PMI 的项目经理、项目集经理和项目组合经理的职业资格认证。不同等级的项目经理负责不同规模的项目，做到能力与责任相匹配。对于一般的项目，要求项目经理具备项目经理级认证资质；对于稍为复杂的多项目集群管理，要求项目经理具备项目集经理认证资质；对于大型、较为复杂、风险度高的组合项目，要求项目经理具备组合项目管理认证资质。

12.3　实现全面项目化风险管控

在项目实施过程中，存在着诸多影响项目目标实现的不确定性因素。企业项目化管理的一项重要职责就是要建立一套良好的风险管理体系，以此来识别、评价和控制风险，为企业战略目标的实现提供保证。F 公司经过多年的实践探索，形成一整套较为成熟和完善的企业项目化风险管理体系。

1. 风险管理流程

建立规范的风险管理流程，让风险管理有章可循。项目风险管理流程已经比较完善，包括风险识别、风险评估、风险处置和风险后评价等风险管理过程，如图 12-1 所示。

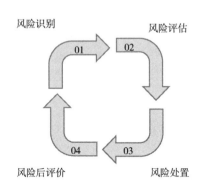

图 12-1　风险管理过程

2. 全员全过程管理，提升风险管控质量

在大型工程项目中，风险识别不仅仅是项目开始阶段的任务，更是一个持续动态的过程，因为风险随着项目的进展而变化，所以项目全过程都要进行风险的识别。要确保风险管理取得成功，每名员工的参与都至关重要。不同的员工根据其工作经验和角色可以从不同的角度识别风险，如高层管理者能够更有效地识别政策风险、采购人员可以更好地识别设备市场价格波动的风险、财务人员能有效识别项目融资和汇率风险等。为了鼓励全员参与，可以设置奖励机制，如对识别出关键风险的员工给予一定的奖励。同时，各方可以定期组织风险识别会议和工作坊，不仅可以增强员工的风险防范意识，还可以从中发现之前可能被忽略的潜在风险隐患。此外，可以考虑使用现代化的工具和平台，如风险管理软件，帮助员工更有效地识别和记录风险。

3. 集中化风险管控，提前预判风险

各个项目先根据风险类别指引进行风险识别，对风险统一归口管理、

统一受理，再下发给各单位提出风险应对措施，形成风险库进行集中管控。这种方式有利于其他组织或其他项目团队快速识别和评估风险，并制定有效的应对策略。

4. 风险分层分级管理，分工明确、责任到位

项目按照分级控制的原则，由业主、设计、监理、施工项目部进行分级风险管控。相关人员提出各参建单位项目部安全风险管理的全过程工作要求，明确了工作职责，项目的风险职责分工较为明确，规范了项目安全风险管理工作。

12.4　促进企业人力资源结构优化

在企业传统的职能式组织中，员工身处各自相对独立的部门，仅处理与自身职能相关的工作，缺乏参与整个管理过程和独立处理整体性问题的机会，个人知识和能力的扩展与提升受到较大限制，企业往往也为综合性人才的培养和任用苦恼。

F 公司在企业项目化管理过程中，通过开展跨部门、跨公司的合作，使员工有机会接触其他领域的知识，有效提升员工的综合能力，增强员工的复合型能力。企业项目化管理为企业员工提供了发展的机会，为企业培养了一批复合型管理者。

（1）通过引入企业项目化管理模式，改变高层人员的思维方式，建立全局系统性的问题观察视角，提升高层人员战略规划和战略落地能力，不仅能从战略角度提出建设性意见，更能制定有效的战略落地方案。

（2）通过企业项目化管理实践，中层人员全程参与或主导项目，有利

于提升其系统思考和逻辑能力，能够快速提升其领导力；为其晋升提供新的渠道，规避传统人力资源晋升渠道的瓶颈。

（3）通过企业项目化管理实践，基层人员经过项目管理 WBS 等工具方法的运用，有助于建立基于基层员工权限的模块化工作模式，提升工作效率。

第 13 章　企业项目化管理展望

13.1　项目经济的到来

随着世界经济格局的变化，项目经济已经到来，项目经济趋势如图 13-1 所示。在 1990 年，运营经济（Operation）的贡献占比约为 75%，项目经济（Project）的贡献占比约为 25%。而到了 2020 年，运营经济和项目经济的占比发生了易位，仅有 30% 的经济价值贡献来自运营经济，而 70% 来自项目经济。

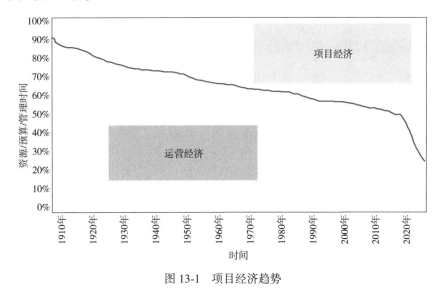

图 13-1　项目经济趋势

随着数字经济和新兴技术的应用，运营经济的贡献越来越弱化，使用项目化管理模式成为一种趋势。项目经济管理的形式，将促进企业项目化管理的发展，企业项目化管理将成为未来的常态。

13.2　扁平化和项目化趋势

1. 从层级化到扁平化

美国麻省理工学院于 1984—1989 年开展了一项名为"20 世纪 90 年代的管理"的研究，研究分析了以"3C"（顾客、竞争和变化）为特征的三股力量对企业影响日益增大的原因，认为"层级制管理"（Hierarchical Management）不再适配企业的发展，并首次提出了"再造"（Re-engineering）的概念。

1990 年，麻省理工学院的一位计算机科学教授在《再造工作：不是自动化改造而是推倒重来》一文中提出企业流程再造（Business Progress Re-engineering，BPR）这一概念，将企业再造定义为：对业务流程做根本性再思考和彻底性再设计，以求在成本、质量、服务和速度等当代绩效考核的关键指标上取得显著改善。其出发点是解决组织流程的低效率与组织管理的不顺畅问题，其目的在于改变组织传统的金字塔形结构，简化企业层级结构，以达到令顾客满意的效果。

同年，麻省理工学院的 Perter M. Senge 在《第五次修炼》（*The Fifth Discipline*）一书中提出学习型组织的理念，认为在外部环境聚类变迁的情况下，企业应建立学习型组织，力求组织的精简和扁平化，具备弹性应变能力，倡导终身学习，不断进行自我组织再造，以维持企业竞争力。1993

年，M. Hammer 和 J. Champy 合作出版的《企业再造》（*Re-engineering The Corporation*）一书将企业扁平化再造这一理念推向高潮。

组织结构扁平化是相对金字塔形层级制组织结构而言的，是对传统组织结构的变革。所谓扁平化，指以信息作为主轴和中心结构，拓宽中间管理幅度、扩展职能，将原来的管理层次压缩或减少，允许内部组合多样化，旨在调动各层级管理人员、作业人员的主动性和创造性，并表现为对环境反应敏锐、决策迅速的一种柔性、简洁、灵活的组织模式。扁平化改变了传统命令链的多层级和复杂性，精简了结构层次，使结构富有弹性，确保了信息传递的有效性和真实性，同时淡化了组织中的等级制度，使领导与员工之间可以像事业伙伴一样直接对话、交流。

与金字塔形层级组织结构相比，扁平化组织形式有着截然不同的特点。扁平化组织强调分权，一方面，管理人员的管理幅度加大，管理下级的人数和工作量增加，若缺乏适当的分权，管理者会不堪重负、顾此失彼；另一方面，组织赋予下层单位充分的自主权，并让其对决策结果负责，以此增强基层员工的参与能力，调动员工的工作热情，并能集思广益，提高决策质量。通过分权使组织保持灵活性和具有差异性，具备主动和快速的反应能力，同时分权还需要严格的管理，以确保分权的决策与企业总体战略方向保持一致。扁平化企业鼓励员工就与他们工作及利益有关的问题自由发表意见，直接参与组织的重要决策。显然，扁平化组织更有利于为包括基层员工在内的各方面人才提供充分发挥其作用和能力的空间，使员工的潜能得以释放，使个人价值借助组织的平台得以实现。

2. 从扁平化到项目化

扁平化是一种宏观思想和理念，其具体实现的形式和路径有许多种，人们比较熟悉的有"流程再造""价值链管理""学习型组织""柔性管理"等。项目化是企业实现组织扁平化的最快捷、最有效的途径之一。企业可以借助现代信息技术，从发展战略的高度进行规划设计，以重整业务流程为突破口，将侧重于纵向控制的职能部门转变为侧重于横向协作的工作团队，实现以市场需求驱动组织运行。同时，可将横向业务流程中各个环节的专业工作群体组成具有独特使命的项目团队。各个项目团队直接与系统平台中的公共数据库相连，通过网络获取实时信息，互动沟通，协调彼此进度，不再依靠上级下达指示或通过项目协调员联系；各个团队围绕如何更好地满足顾客需求达成共识，并自发、主动地贴近市场，以灵活、快速的产品和服务升级赢得竞争优势。

传统的层级组织结构重视对员工职责和任务的描述清晰，因而对员工的要求和期望也是明确的，员工只与其直接上级发生联系，被动地接受上级的指示和命令。项目化组织结构则强调更加灵活的组织机制和对员工的充分授权，鼓励被授权的员工扩大自己的工作范围，自主选择工作方式和团队成员。管理层次的减少，使得员工被赋予了更大的责任和权力，员工实现目标的方式更为灵活多样。集权层级体制的单向压力传导管理方式，不仅让组织成员意志消沉、信心丧失，更会使他们在持续的压力下失去工作热情。项目化企业是新型的学习型组织，具有富有弹性的员工自我管理体系和更扁平、直接、通畅的组织架构，能够营造环境让组织成员达成共识，培养美好情感和共同价值观。

组织发展理论的创始人 Warren G. Bennis 指出，从理论上和实践上来看，传统层级制企业组织方式已无法在未来继续成为人类组织的主要形式，因为用这种类型的组织对付内部协调和外部适应的观念和方法已经脱离了当代社会的现实。当前，越来越多的组织正在采用类似项目化管理的方式完成自身非常规的任务和实现可持续的创新发展。从社区医院开发实施电脑计价系统到克莱斯勒公司通过项目化团队缩短轿车设计周期，从 GE 公司运用项目化方式开发新型喷气式飞机引擎到耐克公司设计新型运动鞋，各种组织都为改变自身而开展项目化实践，并将其作为最优方式来实现很多特定的组织目标。

项目管理大师 J. Rodney Turner 认为，到 21 世纪，基于项目的管理方法将会逐步替代传统的层级式管理。人们或许可以在将来见证传统的、等级化的、在 20 世纪被证明是提供了"理想且实用"的层级制组织被交互式、矩阵式的项目化管理方式所取代。项目化组织解决了企业中存在的两个基本问题，大型企业能够快速对外部的需求和变化做出反应，并释放企业中最具价值的能量——人的力量，让人在组织中获得在层级制中少有的成就感和更多的工作激情，激发组织成员发自内心的创造渴望，进而在这种互惠互利的新型组织中找到尊严和工作的意义。

按照美国沃顿商学院教授 Robert·J·Graham 的描述，从以客户为导向的产品研发、跨部门的流程改造，到涉及整个企业的经营战略实施，再到组织结构调整、持续改善和兼并收购，对企业的每件事情都可以按照项目的方式进行管理。他认为，理想的未来组织模式是一个超级矩阵结构，就像一个硬币的两面，一面是 Operation 运营，由首席运营官（Chief Operating Officer，COO）负责经营工作，另一面是 Project 运营，由首席项目官（Chief Project Officer，CPO）负责管理工作。未来首席执行官（Chief Executive Officer，CEO）的工作重心就是保持 COO 和 CPO 二者协同运作，共同塑造一个共享的、平等的、互惠的、基于尊重的企业文化和价值表达平台。未来全球性大型企业将是多个项目型中小企业的集合体，能在特定领域让具备专业化功能的不同团体跨越企业与国界的厚重屏障，通过企业间的超级链接，在水平方向实现动态的融通合作。

13.3 敏捷化和人文化趋势

1. 敏捷化趋势

敏捷化是企业项目化管理的未来发展趋势之一。从敏捷开发到敏捷管理，再到敏捷组织，是敏捷发展的基本路径。在企业项目化管理实践中，需要打造敏捷商务、敏捷采购、敏捷人力资源、敏捷财务、敏捷工程、敏捷设计等多种敏捷体系，以此快速响应市场需求，提升企业竞争力。

在众多企业中，有很多业务形态是在目标和需求模糊的状况下逐步形成的，想做却不清楚怎么做，只能一步步迭代推进，这个过程就需要敏捷组织支撑。

2. 人文化趋势

PMI 出版的《项目管理知识体系指南（PMBOK®指南）》第七版特别提出了"管家式"管理原则，这一点实际上是对发起人与项目经理之间的"委托—代理"关系的一大突破，项目经理需要站在更高的层级考虑问题，更具有主人翁意识和社会责任意识，对"为什么做"展开更深入的战略思考，从而与组织战略和价值目标保持一致。同时，这一原则也体现了更多人文关怀的理念。

在不同的环境中，管家式管理（Stewardship）的含义和应用略有不同。管家式管理一方面涉及被委托看管某项事物；另一方面，侧重以负责任的方式规划、使用和管理资源，还包括维护价值观和道德。管家式管理的职责范围包括组织内部和外部。

（1）管家式管理职责。在组织内，管家式管理职责包括以下 4 点：

1）运营时要做到与组织及其目标、战略、愿景、使命保持一致并维持其长期价值。

2）承诺并尊重项目团队成员的参与，包括薪酬、机会获得和公平对待。

3）勤于监督项目中使用的组织资金、材料和其他资源。

4）了解职权、担责和职责的运用是否适当，特别是身居领导岗位时。

在组织外部，管家式管理职责包括以下 4 点：

1）关注环境可持续性及组织对材料和自然资源的使用。

2）维护组织与外部利益相关方（如其合作伙伴和渠道）的关系。

3）评估组织或项目对市场、社会和经营所在地区的影响。

4）助力提升专业化行业的实践水平。

（2）隐含的职责。管家式管理反映了对信任的理解和接受度，以及产生和维持信任的行动和决定。管家既需遵守明确的职责，也需要遵守隐含的职责。这些职责一般包括诚信、关心、可信、合规。

1）诚信。管家在所有参与和沟通中都应做到诚实且合乎道德。

2）关心。管家是其负责的组织事务的受托人，他们会认真监督这些事务。

3）可信。管家需在组织内外准确地说明自己的身份、角色、所在项目团队及其职权。

4）合规。管家需遵守其组织内外得到适当授权的法律、法规、规则和要求。

管家式管理需要以透明且可信赖的方式进行领导。项目会影响交付项目的人员，以及受项目可交付物和成果影响的人员的生活。项目可以产生某些正面的影响和效果，如缓解交通堵塞、生产新药物或创造互动机会，也可以产生负面的影响和后果，如绿地减少、药物副作用或个人信息泄露。项目团队及其所在组织的领导应仔细考虑这些因素及其影响，以便他们通过权衡组织和项目目标与全球利益相关方更大的需求和期望做出负责任的决定。

13.4　全球化和多元化趋势

1. 全球化趋势

21 世纪，国家和地区之间的交往日益密切，信息技术的支撑和竞争的需要使世界正在成为一个紧密相连的整体，在政治、经济、军事等诸多领域呈现一体化趋势。项目管理的全球化趋势体现在以下 3 个方面：

（1）国际项目合作日益增多。全球化带动了国际交流与合作，而这种交流与合作往往都是通过具体的项目实现的。通过这些项目的实施，各国、各地区之间在项目管理方法、文化、观念等方面得以相互交流与沟通。

（2）国际化的专业活动日益频繁。每年都有许多项目管理专业学术会议在世界各地举行，吸引着来自各行各业的专业人士踊跃参与。

（3）项目管理专业信息的国际共享。随着互联网的发展，许多国际组织都建立了网站，发布了大量项目管理专业信息，人们可以方便、快速地检索。

2. 多元化趋势

（1）行业多元化。项目管理实践历史最悠久的行业是建筑业，随着美国曼哈顿计划、北极星导弹计划的实施，项目管理在军事和国防工业中得到应用。20 世纪 80 年代，各行各业、各个领域，包括许多高科技产业及各种大型社会活动，也开始引进并应用项目管理方法，项目化管理思维逐渐渗透到各行业。

（2）项目类型多元化。项目类型存在着不同的划分方式，如宏观和微观、重点和非重点、工程和非工程、硬项目和软项目等。正是由于项目类型的多样化，有的项目指大项目（城市建设项目、技术改造项目等），有的项目指一件小的具体任务（筹办一次运动会、举办一个培训班等）。

（3）项目规模多元化。项目管理的应用范畴已经从以前的中、小规模向大型、巨型项目拓展。目前项目管理的规模和涉及范围有小有大，时间有短有长，涉及的行业、专业、人员差别显著，难度也有小有大，呈现明显的多元化趋势。

13.5　专业化和 AI 智能化趋势

1. 专业化趋势

项目管理的广泛应用有力推动了项目管理的专业化进程，这也是项目管理逐渐走向成熟的显著标志。具体体现在：

（1）知识体系。项目管理知识体系（PMBOK）处于不断发展和完善的状态。PMI 自 1984 年提出 PMBOK 以来，多次修订，并已将其作为该组织专业证书考试的主要内容。欧洲 IPMA 和其他各国的项目管理组织也相继开发了各自的知识体系。

（2）学历教育。目前，项目管理已被纳入许多国家和地区的学历教育体系，从学士、硕士到博士都设置了相应的专业课程；非学历教育也从基层项目管理人员到高层项目经理，形成了层次化的教育培训体系。

（3）学科探索。对项目与项目管理的学科探索正在积极开展，这些探索有分析性的，也有综合性的，有原理概念性的，也有工具方法性的。世界各国关于项目管理的专业书籍大量涌现，有关学科发展问题的关注度也很高。

2. AI 智能化趋势

随着科学技术的发展，智能 AI 在各行各业应用越来越广泛。当下，大多项目管理工作都可以借助 AI 完成。例如，项目管理工作中，WBS 分解在不涉密的情况下，经过训练的 AI 生成的工作分解结构表比一个初级项目经理所分解的更完整。通过 AI 技术输出一个初步的文档后，只要在此基础上稍做修改便可使用，大幅提高了项目管理效率。

另外，在项目过程管控时，通常要写周报、月报、年报等，通过训练 AI 可以快速写出一个初稿，能够完成约 70% 的工作，人们称之为"双70"，即 70% 的管理工作做出来以后能够达到 70% 的满意度。AI 是一个发展趋势，它能大幅节省工作时间、提高工作效率，但它还不能 100% 替代人们的管理工作。因此，在当前阶段，AI 可以成为一个很好的项目管理助理。

13.6 重点行业应用趋势

在全球经济下行的大背景下，我国经济也面临着经济转型、产业升级、通货膨胀、失业率上升等诸多挑战。为了应对这些挑战，国家正在广泛布局和推进多个领域的重大项目，这也为项目管理从业者带来了新的机遇。

1. 数字化项目

我国在 2023 年提出了一项重大的技术转型战略——数字中国战略，其核心在于建设和夯实数字基础设施和数据资源体系两大基础，构建一个全面、协调、可持续的数字化发展格局，目标是要在 2035 年使我国数字化发展水平进入世界前列。

这一重大战略背后意味着国家将拥有大量的数字化项目支撑，范围涵盖从农村地区的 5G 技术升级到高新技术地区所涉猎的诸多技术领域，如量子计算等。

2. 技术驱动的工程项目

我国在数字化转型方面的大量投入在非住宅类建筑领域表现得尤为明显，政府在交通基础设施、能源和工业项目上投入了数万亿元的资金支持。

技术驱动的建筑项目意味着将有越来越多的技术被应用于项目的各个流程，如设计阶段的设计荷载计算、实施阶段的智能安全检查和竣工阶段的文档自动生成等，以提升工作效率。因此，项目管理从业者必须具备相应的技术知识储备，尤其是与 AI 相关的专业知识。此外，为确保上述项目成功交付，企业还需有能力获取精准、实时的数据，以支持项目决策、控制进度和成本、管控项目风险。

3. 清洁能源项目

我国有望提前五年实现 2030 年可再生能源装机容量的目标，国家对可持续发展项目人才的需求十分巨大。

此外，我国政府还对部分大型清洁能源项目的完成时间设定了严格的时间线，这就意味着相关项目管理从业者必须时刻保持敏捷，同时快速响应和解决项目中遇到的问题，才有可能在有限的时间内成功交付项目。

4. 以电动汽车和制药为主的制造业项目

尽管全球产业链、供应链正在经历一场调整与重构，我国依然是全球的"超级工厂"，制造业出口份额仍占全球的三分之一，尤其是电动汽车制造和制药行业，在不景气的经济环境下仍然保持着强劲的增长势头。

我国的电动汽车产量占全球产量的一半，已超越日本成为全球最大的电动汽车出口国。此外，我国还拥有全球最大的电动汽车电池制造商——宁德时代（CATL），该公司是特斯拉、蔚来和福特等头部电动汽车品牌的电池供应商。

我国制药行业的增长主要得益于全球各大制药巨头正加大寻求在我国的生产和业务布局。例如，默克（Merck）、强生（Johnson & Johnson）和拜耳（Bayer）目前正与我国企业合作进行药物研发、许可和制造，辉瑞（Pfizer）也在 2023 年宣布与国药集团（Sinopharm）达成协议，计划在 2025 年前将十几种新药引入中国市场。

随着项目经济时代的到来，企业将面临具有不确定、复杂性、易变性、模糊性的项目经济环境，企业采用项目化管理是有效的应对方式。由于企业项目化管理将采用柔性、扁平化组织，实现敏捷快速交付，整合全球多元化资源，充分利用数字化和智能化工具和技术，有效配置企业资源，从而使企业更好地适应项目经济发展的大趋势，尤其在数字经济、生物工程、智能制造、智慧工程等领域更彰显企业项目化管理的灵活性、适应性、抗风险性等优势。

附　　录

附录 1　F 公司企业项目化管理应用实践范式

本范式针对 F 公司企业项目化管理的实践内容进行阐述。鉴于本书的实践篇是围绕 F 公司实践进行描述的，将直接引用涉及的前文内容。基于此，范式描述将以企业项目化管理支撑体系和经验总结作为重点篇幅。

一、企业背景

F 公司是某央企总公司旗下的二级单位（省级分公司），下辖地市分公司和直属单位，现有员工 3 万余人，主要从事电力能源输配电运维保障业务，主要项目类型涵盖工程建设类项目、数字化建设类项目、综合管理类项目等。

二、企业项目化治理与组织

F 公司在总公司的领导下，实行独立核算、自主经营、自负盈亏的运营模式。组织治理结构方面，由总公司明确战略方向，下达经营指标，决定关键管理人员的人事任用。F 公司依据"三重一大"的决策机制对重大投资、重大支出、重大人事任命进行上会决策。F 公司 CEO 对经营业绩负责。具体的企业治理结构如第 11 章图 11-2 所示。

F 公司企业项目化管理的治理机制主要围绕项目层面的决策、监督、执行与跟踪展开，具体表现为：F 公司成立项目投资委员会，负责项目入库、立项审批、项目计划和预算审批、项目重大变更审批等工作。PMO 负责项目计划、预算和变更的审查，按变更管理制度规定的审批权限，批准相应计划和变更，同时跟踪项目的实施进度；协调企业项目化进程中的共享资源，构建并维护项目管理信息系统，对项目工作进行监督、指导、协调。项目经理负责执行项目活动，实现项目目标。具体的项目治理结构如第 11 章图 11-3 所示。

三、企业项目化管理支撑体系

为了推动企业项目化管理的落地实施，F 公司先后构建了项目管理知识体系、项目管理赋能课程，编制并发布了项目经理手册、项目分类说明、项目化运营流程、项目文化建设指导意见、项目化管理评价制度、信息化建设指导意见等支撑性体系文件，为企业项目化管理开展奠定了基础，提供了体系支撑。以下是对 F 公司企业项目化管理部分支撑体系的简要介绍。

1. 编制《F 公司项目管理知识体系指南》

企业项目化管理是在单项目基础上发展升华的管理方式，为了在不同类型项目中建立统一术语、统一方法、统一工具，组织内外部专家团队共同编写了《F 公司项目管理知识体系指南》。该指南包括项目管理技能、战略和商业管理技能、领导力技能、数字化技能、行业技能 5 个部分。

（1）项目管理技能。主要包括项目管理综述、单项目、项目集、项目组合、敏捷项目管理 5 个章节。

（2）战略和商业管理技能。主要包括战略思维、竞争分析、商业模式、变革管理、合规管理 5 个章节。

（3）领导力技能。主要包括情商应用、谈判策略、团队协作、冲突管理、沟通技巧 5 个章节。

（4）数字化技能。主要包括数据要素、数据安全、数据应用、数据决策、PM+AI 应用 5 个章节。

（5）行业技能。主要包括工程类项目、数字化类项目和综合管理类项目 3 个章节。

2. 开展项目经理资格认证

为了培养企业项目化的灵魂人物——项目经理，根据 PMI 的《项目管理知识体系指南（PMBOK®指南）》（第六版、第七版）、《职业脉搏调查》、"项目经理人才四角"、《项目管理专业人员能力评价要求》GB/T 41831—2022、IPMA "项目经理能力之眼"，将企业项目化管理的项目经理分为项目经理、高级项目经理和资深项目经理 3 个等级。见第 7 章图 7-6。

基于企业项目化管理的项目经理、高级项目经理、资深项目经理的等级划分，构建了 3 个等级项目经理的素质能力模型，附表 1-1 为 F 公司企业项目化管理三级项目经理素质能力表。

附表 1-1　F 公司企业项目化管理三级项目经理素质能力表

"项目经理人才四角"	项目经理	高级项目经理	资深项目经理
项目管理技能	对项目管理知识体系框架达到应知应会的要求，具体为：计划管理、成本、资源、沟通、利益相关方、采购、风险、数字化、标准化管理、经验教训学习传承、变更控制、汇报	在项目经理基础上增加：问题管理、收益管理、组织变革、对范围、进度和质量的分析，以及对资源的分析、配置和协调	在高级项目经理基础上增加：整合和分析、决策与选择、熟悉国内外与项目相关的法律法规
领导力	在项目中所需的与人相关和人际关系的能力	在项目经理基础上增加：自我反思与自我管理、人际沟通、团队合作、冲突与危机、谈判、结果导向	在高级项目经理基础上增加：情商应用、领导力
战略和商业管理	理解项目现场环境，满足合规性要求	在项目经理基础上增加：遵循要求、标准和规则、权利与利益	在高级项目经理基础上增加：对行业趋势的判断与理解、战略解读、商业环境变化与利用
数字化技能	使项目成功而使用的方法、工具和技术	需求、目标和收益、采购与伙伴关系、计划与控制、风险与机会、利益相关方赋能	在高级项目经理基础上增加：变革与转型、数字化管理、制约与平衡
行业技能	3 年以上项目经验，1 年以上项目经理工作经验，或参与组织过项目管理体系文件编制	5 年以上项目工作经验，3 年以上项目经理工作经验或 1 个大型复杂项目管理经验	8 年以上项目工作经验，5 年以上项目经理工作经验或 2 个以上大型复杂项目管理经验

　　F 公司将企业项目化管理项目经理分为 A、B、C 3 个等级，具体的内部资格认证实践见第 11 章 11.3 节的内容。企业项目化管理的项目经理内部认证的推行，为企业项目化管理提供了关键人才支撑。

3. 开发企业项目化管理系列课程

基于项目经理资格认证的素质能力要求，F 公司结合企业项目化管理知识体系内容，开发了"项目管理知与行"系列培训课程，该课程共分为以下 3 个部分。

（1）"知识课堂"。按专业领域分类讲授工程类、数字化类、综合管理类项目化管理专业知识，构建理论框架。

（2）"行动课堂"。结合知识体系、应用实践、行动场景，聚焦实际工作中的热点或难点，通过现场模拟实操项目全过程，共创共享解决方案，实现精华萃取、亮点提炼、优化知识，真正做到"知行合一"。

（3）"专家课堂"。邀请公司或行业的项目管理专家，讲述实际案例，传授技能技巧，分享心得体会。

通过开发企业项目化管理"知与行"系列课程，为培养企业项目化管理人才提供内容保障，确保所需即所学、所学即所用。

4. 编制项目经理手册

为了更好地落地执行企业项目化管理，指导项目经理开展相应的管理工作，编制了《F 公司项目经理手册》。该手册作为企业项目化管理指导手册，立足项目经理视角，对项目经理具体的管理任务及相关职责进行说明，并就项目经理管理项目所需要的方法、技能给出指导和建议。

针对 F 公司项目管理过程，该手册分为项目管理应用篇、项目管理指导篇进行阐述。

（1）项目管理应用篇。按照 F 公司不同类型的项目生命周期阶段和管理过程的主要工作内容，对组织、计划、协调、监督、管控的各项活动所需的工作步骤、方法和工具进行描述，明确项目经理的职责和任务。

（2）项目管理指导篇。针对项目经理管理项目的工作方法和应用技巧提供指导，助力项目经理有效地推进项目。例如，利益相关方识别与管理、需求管理、WBS工作分解、进度计划编制、资源平衡、工作分配、授权过程、变更管理、风险防控、团队管理、沟通策略等。

5. 定义项目分级分类

定义项目分级分类是实施企业项目化管理的基础，它能使企业各类项目能按不同专业、不同管理层级要求，快速有效地编群、编组，按专业、按区域进行统筹管理。

（1）项目分层级管理。根据项目区域属性划分，将项目分为省级项目、市级项目和县级项目，层级之间由上而下，既达成省、市层面的集约统一、降本增效的目标，又满足市、县层面的灵活创新发展需求。

（2）项目分专业管理。根据不同职能部门的发展需求，按专业划分为电网、产业、金融、国际化等业务类项目，以及建设、运行、检修、营销、人力资源、财务、物资、科技、信息化、后勤、法治、党建、企业文化等专项项目。

不同专业项目分布在不同专业部门，彼此之间的项目相互独立，对于共性项目则统一归并管理，既充分满足专业职能部门的业务发展需求，又充分考虑共性需求的集约统一管理，能够节约成本、提升效能。

（3）项目分业务发展周期管理。为满足企业长期可持续发展的需求，在项目分层级管理和分专业管理的基础上，进一步按项目所处的阶段或状态进行划分，将项目分为战略项目、孵化创新项目、新立项项目和改善型项目等。战略项目是企业在未来3~5年要发展的基础性研究项目，一般属于成本支出性项目；孵化创新项目是根据战略发展规划和市场预测，提前布局研究的项目，待条件成熟时需转化为新立项项目；新立项项目，是贴合市场发展需要，可为企业带为可观营收的项目；改善型项目主要指对老产品进行转型升级，延长老产品的生命周期，继续为企业创造价值的项目。

（4）项目分管理要求管理。根据项目的大小和重要性，以及不同级别的管理维度，F公司将项目分为A、B、C三类。针对不同层级的项目，管理的精细度和要求有所不同。

1）A类项目。A类项目是总公司对F公司进行考核的项目，或"三重一大"会议上参考项目金额、项目重要性、人员投入等情况确定的项目。A类项目的管理必须按本企业项目化管理体系文件执行。

2）B类项目。原则上，除A类项目，项目预算较大、重要性较高的项目作为B类项目管理，B类项目由F公司直属单位或地市分公司自行判定。B类项目按照企业项目化管理体系文件裁剪执行。

3）C类项目。A类、B类项目以外的所有项目为C类项目，除了合规性要求必须遵循的管理活动，C类项目可参考企业项目化管理体系文件选择使用项目管理的方法和工具。

按管理要求分类旨在抓住项目关键点、重点和难点，通过集中有限的项目资源，有效开展企业项目化管理，从而为组织创造更大价值。

6. 优化企业项目化管理运营流程

企业项目化管理运营流程涉及总控目标、综合计划、项目计划和分解过程，定义了企业项目化管理的决策流程、实施流程、控制流程和管理流程的"四级流程"体系。

（1）从战略到项目的运营流程

1）总控目标建议上报。当年9月底前，F公司需提出下一年度主要经营指标和分专项投入规划建议，履行F公司决策程序后上报总公司。

2）总控目标决策下达。当年10月底前，总公司组织各专业部门审核，形成并下达 F 公司的总控目标。

3）综合计划建议上报。当年 11 月底前，F 公司需在总控目标范围内，将规划项目预算进一步分解和细化，并上报总公司审批。

4）综合计划决策下达。次年 2 月底前，总公司主管部门统筹优化，提出综合计划建议，履行总公司决策程序，形成总公司综合计划方案并分解下达至 F 公司。F 公司收到总公司的综合计划决策后，对本省内项目进行统筹和平衡，并将最终综合计划下达到各地市分公司、直属单位和各职能部门。

5）综合计划分解实施。次年 3 月底前，总公司综合计划下达后，F 公司及时做好分解落实。对自管范围的计划工作和项目，可按实际需要进行分批分解。综合计划建议阶段已经决策的项目，可直接分解项目计划并组织实施；未经决策项目，需经过入库、立项、计划等相应决策程序后纳入计划实施。

（2）企业项目化管理"四级流程"。在开展企业项目化管理实践过程中，F 公司在单项目管理营运流程的基础上，优化了企业项目化管理决策、实施、管理和控制四级流程。

1）决策流程。对企业项目化管理中需要领导决策的事项进行梳理，形成决策流程，对每个决策活动的决策要素和决策代价进行完善，形成决策检查单。结合组织治理机制和项目化治理结构，通过决策流程定义了企业项目化管理哪些事项需要哪级领导进行审批，明确了决策角色和权限，为企业项目化实施界定了决策边界。

2）实施流程。企业项目化实施流程主要定义各类项目的专业或技术活动，为项目团队成员提供工作指导，明确在哪个阶段需要开展哪些工作活动，减少企业项目化实施过程中的权责不清和真空现象。

3）管理流程。企业项目化管理流程以项目生命周期为主线，梳理不同阶段需要开展的项目管理活动，如编制项目任务书、项目计划评审、成果核实、沟通汇报、阶段总结、项目评估等，使项目经理清楚自己在什么时候需要开展哪些管理活动，以及需要审查哪些合规性要求，为企业项目化的管理提供框架。

4）控制流程。在企业项目化管理中，需要根据项目的分层、分级、分类和分工分责开展监督与控制工作。为此，将各类项目的控制点、法规要求的许可、合规要求按项目生命周期进行梳理后形成控制流程。控制流程使企业的各类项目满足合规性要求，为第三方参与项目的管控提供指导，避免企业项目化管理中"一控就死，一放就乱"的现象。

通过以上两类流程的优化，形成《F公司企业项目化管理运营流程》体系，为企业项目化管理的开展修建了"高速公路"。

7. 营造并落地项目文化

项目文化是企业项目化管理的土壤，为组织提供养分。F公司具体的项目文化和项目文化落地的内容详见第8章8.5节和8.6节的内容。

8. 开展项目化管理评价

F公司为有效落实企业项目化管理，提升企业项目化管理效益，按照产业分类和项目实施责任主体两个维度进行项目化管理评价。

（1）按产业分类评价。按照产业分类，项目可分为主导产业项目、支撑产业项目、新兴产业项目。不同产业类项目，既有共性评价指标，也有特性评价指标，侧重点有所不同，效益评价指标如下：

1）共性指标（15项）。包括营业收入、可控费用、利润（利润总额、净利润）、资产总额、资产负债率、经济增加值（EVA）、职工人数、职工劳动生产率、研发经费投入强度、数字化发展指数、信息安全防护能力、重大决策部署完成率、合规和风险管控水平、国际信用评级、全球最具价值品牌 500 强。

2）主导产业特性指标。包括售电量、线损率、省间交易电量、市场化交易电量、公司管理机组发电量、当年电费回收率、市场占有率、电网投资效率、电网设备运行可靠率、电网频率合格率、综合供电可靠率、综合供电电压合格率、业扩服务时限达标率、客户服务满意度、清洁能源利用率。

3）支撑产业特性指标。包括金融资产管理规模、境外电网运营规模。

4）新兴产业特性指标。包括新兴业务收入规模。

（2）按项目实施责任主体评价。

1）项目绩效评价。企业项目化的项目绩效评估主要从"过程+结果"两个方面进行评估。

①过程指标主要包括合理实施方案、风险防范、跟踪检查、项目化运营改进与效力提升、计划一致性、是否可以成为其他项目的典范。

②结果指标主要包括目标达成率、合规性满足程度、发展趋势、结果与过程关联度。

2）项目经理绩效评价。项目经理作为项目的第一责任主体，项目绩效是项目经理的主要评价指标。项目经理的绩效评价标准是项目绩效评价结果×70%+项目管理评价×30%

3）项目管理评价指标。主要包括进度偏差率、成本偏差率、质量问题数、变更、利益相关方满意度。

4）项目团队成员绩效评价。项目团队成员绩效评价分为 3 个部分，即做了什么、如何做、工作如何配合。具体指标如下：

①做了什么。个人计划完成率、个人工作问题数。

②如何做。过程文档记录、规范遵循度、流程执行度。

③工作如何配合。知识共享、关键利益相关方满意度。

企业项目化管理评价为项目化管理提供了抓手，为企业项目化管理的持续改进提供了数据，为企业项目化管理激励提供了依据。

9. 开发并维护项目化信息系统

企业项目化管理涉及单位广、项目多，必须依靠企业项目化管理信息系统的支撑。企业项目化管理信息系统的基本模块包括全面（综合）计划管理、项目预算管理、项目储备库管理、项目立项到收尾的全过程项目管理信息系统、项目物资管理系统、项目利益相关方关系管理系统、项目工时管理系统、项目信息发布系统等。

企业项目化管理信息系统是走向项目数字化管理的基础。通过信息化系统使项目过程可视，为项目利益相关方参与和支持项目提供平台，为项目数据记录和知识积累提供保障。

四、企业项目化管理运行实践

1. 项目来源

企业项目的来源具有多层次、多渠道、多类型、多组织的特性，其来源主要规整为自上而下、自下而上。

（1）自上而下。F公司由于体制机制的原因，既要承担国家委托的项目，又要承担总公司布置的项目工作。

（2）自下而上。F公司直属单位和地市分公司，根据业务发展和战略分解的需要，生成相应的项目。

2. 项目入库与立项过程

无论是自上而下的项目，还是自下而上的项目，均需进入项目储备库进行统筹安排和平衡。具体的项目入库操作见第10章。

在综合计划建议阶段已经决策的自管范围内项目，可直接按年度分解项目计划并组织实施；未经决策项目，需经过入库、立项、计划等相应决策程序后纳入计划，并立项实施。

在项目入库与立项过程中，F公司需编制项目实施计划，并与整体预算进行匹配。立项通过后，下达项目任务书（项目章程）。

3. 项目实施

F公司企业项目化实施，详见第10章。

（1）单项目实施。针对工程类和综合管理类单项目，采用启动、规划、执行、监控和收尾的五大过程组进行管理。企业项目化管理主要从立项的审批和备案、收尾的评估和归档"一头一尾"进行管控。项目实施过程监督由项目管辖单位负责。

针对数字化或科研类项目，一般采用敏捷方式开展管理，企业项目化管理主要从项目愿景、目标、版本规划、迭代回顾进行管控。迭代过程中的具体活动，由项目团队组织管理。

（2）多（群组）项目实施。企业项目化管理针对大型复杂项目或多项目的实施，除了需对立项的收益规划和收尾的项目价值实现与收益维持进行管理，还需对项目共享资源进行协调，对整体风险进行防控，对财务依赖、资金依赖、技术依赖、管理依赖、利益相关方依赖进行管理。通过多项目实施管控，起到抓关键、促进度、调资源、保交付的统筹、统合、统效作用。

4. 项目跟踪与监督

企业项目化管理的跟踪是收集重点项目绩效数据，通过数据分析结果，穿透问题，洞察原因，协调推进项目。

在企业项目化管理的监督方面，主要针对重点项目进行偏差分析，提供改进措施，同时做好项目绩效汇报、风险防控、合作伙伴工作状态监督，协调变更资源。

（1）多级监控。企业项目化管理将根据项目治理结构，分层、分级、分权设计监控体系。根据不同类型、不同规模、不同监控内容，设定项目偏差阈值，例如，对于进度偏差、成本偏差、质量偏差、技术方案优化、外协绩效状态等偏差范围，定义相应的监管责任主体单位和审批权限。分别定义总公司、分公司、地市分公司等多级监管组织；定义项目经理、部门经理、PMO、分管领导等多层管控角色。组织和角色的定义，使得企业项目化管理的项目状态可视、可控。

（2）远程智能化跟踪。F公司充分利用数字化和智能化技术，建立智慧项目现场管控设施，如远程视频跟踪监控设备、项目会议系统、项目数据采集分析和预测系统、现场安全监控系统、网上电网等。通过远程智能化跟踪与监控系统，使企业项目化管理实现虚拟组织、跨区跟踪、智能监控、智慧决策。

（3）转阶段总结与审查。企业项目化管理的过程监控主要通过阶段关口审查和把控。在转阶段管理中，根据项目规模和项目类型定义，分公司主导或参与转阶段审查，地市分公司或直属单位负责阶段审查。

各类项目在进入下一个阶段时，通过转阶段审查和总结降低纠错成本、降低项目风险、减少遗留问题、提升项目成功率、沉淀项目知识。

5. 项目收尾

企业项目化管理中的项目收尾工作主要是建立项目档案、提炼项目实施的经验教训、维护项目知识库，为其他项目提供借鉴，为企业项目化管理提供改进输入。

（1）项目总结。F公司同样重视项目总结，除了提供项目总结模板和样例给各单位，还每半年组织各单位进行项目总结分享，每年组织项目总结大赛，将项目总结的精华和成效通过以赛代训的方式普及全员，让更多人认识到企业项目化管理带来的效果和效益，让更多人了解并掌握成功项目管理方法和工具，让更多人分享项目中遇到的问题与难点，有效减少"项目入坑"现象。

（2）项目移交。项目验收与移交是项目达成目标的重要组成部分。F公司企业项目化管理从组织层面关注整体项目的验收情况、延期状况、投运实况、内外部移交情况，以及遗留问题影响。

在企业项目化管理实践中，每月上报验收计划和投运计划，跟踪项目交付后的收益实现，确保项目与企业战略、组织综合计划和预算保持一致。

做完项目总结之后，要求每个项目建立内外部移交档案和问题清单，作为企业项目化管理的组织过程资产的一部分。

五、企业项目化管理经验总结

1. 催生扁平化的组织结构

（1）减少中间管理层。F公司企业项目化管理以项目形式开展投资、生产、运营和管理工作，根据项目规模大小和重要程度，由分公司、直属单位或各部门领导直接分管，结合项目经理负责制，减少中间管理层，减少层级结构，使整个组织决策过程更快、更灵活，能够更迅速地适应市场变化。

（2）催生分布式团队。F公司项目化管理催生分布式团队，通过统筹协调，采用远程协作工具和平台，以虚拟团队形式，在各地进行协作，改变了传统的办公室工作模式，提高了组织灵活性。

2. 打造灵活的工作模式

（1）项目化和自由职业。随着 F 公司企业项目化管理的深入，越来越多企业经营管理活动的开展更加依赖项目化形式。伴随着项目化权力的下放，项目经理拥有更大的自主权，可以根据项目需求聘用临时人才或自由职业者。这种灵活配置资源、减少固定员工数量的方式使组织具有更加灵活的工作模式，极大降低企业运营成本，增加企业弹性。

（2）员工技能多样化。F 公司企业项目化管理培养了员工多样化的技能，让员工能够在不同的项目中快速转换。企业也将注重培养员工的跨学科能力，使员工具备更强的适应性和创新能力。

3. 构建协作与共创生态系统

（1）开放式创新。F 公司诸多重点工作、攻坚克难工作、技术创新工作，都将与其他公司、科研机构、高等院校和独立开发者以项目形式进行开放式合作，共创、共建、共享项目中的技术和解决方案。实施企业项目化管理使企业不再是孤立的，而是融入一个更广泛的创新生态系统中。

（2）平台型企业。更多企业将发展成为平台型组织，通过企业项目化形式提供开放平台，供其他组织和个人共同创新与实践，以吸引更多合作伙伴，共同创造价值。

4. 提升信息流通与决策效率

（1）加速信息处理。在传统的层级组织中，信息通常需要经过多个层级的传递和汇报，导致决策过程缓慢。而在企业项目化管理中，借助企业项目化管理信息系统，信息能够直接呈现给决策者，使信息流通加快、决策效率更高。

（2）减少信息失真。层级越多，信息在传递过程中越容易失真或被扭曲。企业项目化管理减少了信息传递的层级，使信息能够准确地传递到需要做决策的利益相关方，减少中间环节对信息的干扰。

5. 增强员工能力与促进跨职能协作

（1）增强员工能力。企业项目化管理利用统一的项目管理工具和方法，直接参与执行并有效完成项目工作，员工不需要直接主管的密切监督，就能够实现自我管理和协调工作，进一步增强个人能力。

（2）跨职能协作。企业项目化管理的组织通过组建跨职能团队完成工作，打破部门壁垒，促进不同领域的专业人士共同协作。通过这种协同工作方式能够更好地处理复杂项目，满足快速交付的需求。

6. 优化成本效益与资源配置

（1）降低管理成本。传统职能层级结构需要大量的中间管理人员维持组织的运作。企业项目化管理减少了管理层级、降低了管理成本，能够将更多的资源直接投入项目工作。

（2）优化资源配置。企业项目化管理通过全面计划和全面预算，根据项目需求和优先级，动态配置和优化资源，从而降低了项目对管理者的协调依赖，实现事前配置、事中优化，让企业资源更加集中于高价值的项目工作，提升资源使用效率。

7. 提升员工满意度

（1）提高员工参与感。企业项目化管理赋予员工更多的自主权和决策权，使员工更有参与感和责任感。企业项目化管理采用统一的项目管理方法和工具，支持员工在其专业上参与或支撑项目工作，能够突显项目工作的意义，提升员工工作价值感。

（2）增强员工创新动力。企业项目化管理使员工更有参与感，激发员工创新动力。当员工感受到他们的意见和创新想法能够被组织重视，甚至可以直接影响项目的实施和发展时，有利于激发他们的主人翁意识，增强员工责任感和自豪感，并大幅增强创新活力。

8. 适应数字化和远程协作环境

（1）适应数字化环境。数字化经济环境要求组织具备快速响应和调整的能力。企业项目化管理的扁平化组织更适应这种环境，因为它可以按项目的形式开展各种市场分析、客户互动和业务调整。

（2）适应远程协作环境。因为大型公司的机构规模大、人员多，办公地域和项目分布比较分散，所以虚拟办公和远程协作日益普及。企业项目化管理能够更好地利用人才，搭建跨区域、跨专业的虚拟团队（或实体团队），实现无缝沟通与协作。

9. 减少组织内耗

（1）降低沟通成本。企业项目化管理强调项目团队的柔性组织和直接沟通，有效支持项目团队之间、项目与职能部门之间的信息共享和协作，减少沟通中的层级和壁垒，提高沟通效率，减少组织内耗。

（2）提高管理效率。由于一个员工可以同时参与多个项目、执行多项管理任务，企业项目化管理可以减少管理层的负担，使组织运作更加高效。

10. 支持持续学习和发展

（1）知识管理。企业项目化管理重视持续学习和改进，以项目形式开展工作，在每个阶段进行总结和审查，可以帮助企业收集、分析和共享知识，支持员工的持续学习和技能提升。通过企业项目化管理信息系统和知识管理系统，员工可以更快地获取所需的信息和知识。

（2）反馈和调整。企业项目化管理可以实时收集和分析员工工作数据，为团队提供及时的反馈。可以根据这些数据和反馈对企业项目化管理的运作进行调整和改进，保证组织的高效运作。

11. 应对不确定性和风险

（1）动态适应能力。企业项目化管理的柔性组织和管理方式更具动态适应能力，能够在不确定性中迅速调整战略，并以项目化形式快速实现组织战略目标。尤其是企业项目化管理统一方法，成熟的预测和分析工具可以帮助企业更好地预见风险、洞见机会，制定应对策略。

（2）弹性策略。企业项目化管理可以快速调整运营策略，在运营过程中出现需要多部门支撑的活动，可以采用项目的方式开展，有效帮助企业提出弹性的运营策略并落地，以应对快速变化的市场和技术的不确定性。

总之，在数字化时代，企业项目化管理的敏捷组织形态将赋予企业更快的响应速度、更强的创新能力和更大的灵活性。通过企业项目化管理实现数据驱动的决策、优化资源配置、增强客户和员工体验、减少组织内耗、持续学习和改进。这种管理模式有助于企业在快速变化的环境中保持竞争优势，应对不确定性，实现可持续发展。

附录 2　CNC 公司企业项目化管理应用实践范式

CNC 公司是集海洋油气开发工程设计、采购、建造、海上安装、调试、维修，以及液化天然气、海上风电、炼化工程等业务于一体的大型工程总承包公司，是亚太地区实力强劲的海洋油气工程总承包商之一。CNC 公司现有员工近万人，组建了全方位、多层次、宽领域，且适应工程总承包的专业团队；拥有国际一流资质水平，构建了与国际接轨的运作程序和管理标准。经过 40 多年的建设和发展，CNC 公司明确了"建设中国特色世界一流海洋能源工程公司"的愿景，同时制定了全面的发展策略，即"以设计为龙头的 EPCI 总包能力建设为唯一核心，以经营管理能力和技术引领能力建设为两个基础，以国际化、深水化、新产业化为三个发展方向，以人才、市场、成本、风控、信息化建设为五个抓手"。在巩固提升传统海洋工程能力的基础上，CNC 公司把握全球油气行业发展大趋势，通过持续投入研发费用、提升研发能力践行"技术驱动"理念，以严控成本、提升效率、数字化赋能等手段不断保障"成本领先"优势。此外，CNC 公司不断拓展能源工程一体化服务能力，培育形成了 LNG 工程、深水工程、FPSO 工程、海上风电等产业和能力，不断提升能源工程一体化服务质量，拓展综合能力和发展空间。

下面围绕 CNC 公司在企业项目化管理的文化、战略、执行和支撑四个层面的实践进行介绍。

一、企业项目化管理文化层

CNC 公司的企业文化源自石油能源行业的优良传统，融合了大庆精神、铁人精神、敢闯敢拼的探索精神，以及该公司多年的孜孜以求和日积月累。CNC 公司经过半个世纪的发展，形成了独具特色的项目文化，呈现出忠于职守、勇于担当、甘于奉献的良好氛围，秉持敢于突破、科学求实、追求卓越的"优快"精神，养成改革创新、开拓进取、敢为人先的工作作风。

CNC 公司的项目核心价值观为"爱国、担当、奋斗、创新"。其中，"爱国"就是在项目实施中爱党、爱祖国、爱人民，践行"为祖国加油，为民族争气"的使命；"担当"就是要有"项目成功不必在我，项目功成必定有我"的项目作风；"奋斗"就是项目实施中顽强拼搏、苦干实干、精益求精；"创新"就是项目实施中追求卓越、解放思想、自我革命，展现"敢为天下先"的项目精神。

CNC 公司的项目使命是"碧海丹心，项目报国"。

CNC 公司的项目作风是"严、实、快、新"。其中，"严"就是在项目实施中把自我要求调整到严格遵守工作纪律、严格执行各项制度、严格履行岗位职责；"实"就是要察实情、讲实话、出实招、办实事，重实效；"快"就是要强化效率意识，做任何事都要有效进行时间管理，把握进度、加快节奏、提高效率；"新"就是要开拓创新，遇到困难不能一味"等、靠、要"，要不断寻求新的思路和方法，使项目推进的力度更大、速度更快、效果更好。

CNC 公司的项目文化建设必须植根于项目实践，并得到项目团队的广泛认同。只有让项目文化深入人心、内化于心，员工才能自觉践行。例如，某项目攻坚阶段，"党员冲锋在前""一把手坚守第一线"成为常态，荣誉面前互谦互让的和谐氛围愈发浓厚，脚踏实地、无私奉献的精神深入人心，这些都已成为 CNC 公司项目文化珍贵的组成部分。

CNC 公司的企业文化建设始终立足服务主业，坚持以人为本、关爱员工，坚持不懈地开展各类贴近实际、针对性强的活动，传播正能量、化解负能量。通过打造"生产科研一线员工家属开放日""青年集体婚礼""最佳员工"评选表彰、八一军企联谊、沿海清洁青年志愿者活动、青年科技论坛、安全知识竞赛等一系列文化品牌，为创建"和谐团队"、打造"家"文化、营造积极向上的良好氛围、搭建员工成长平台等提供强有力的支持。

这些活动之所以具有生命力，就在于它们贴近员工，接地气、聚人气，是员工迫切需要且喜闻乐见的。正是通过开展这些活动，企业项目化的影响力和文化渗透力得以如润物无声般地沁人心脾，在无形之中成为凝聚员工的重要力量。

长期以来，CNC 公司在项目文化建设方面十分重视舆论宣传，积极发挥报刊、内网、杂志及新媒体的渠道作用，在向员工传递海洋工程建设重大项目成果的同时，宣传先进人物、弘扬最美精神，奏响主旋律、唱好正气歌。其中，公司的微信公众账号作为信息发布窗口，在加强项目文化建设和把握舆论导向上发挥了重要作用。

项目文化建设既要与自身历史相契合，更要与时代同步伐，唯其如此，才能相得益彰，焕发活力。CNC 公司既注重讲好"历史故事"，更注重讲好"现代故事"，不断丰富项目文化的内涵、提升项目文化的价值、增强项目文化的创造力，开创企业项目化创新和发展的新局面。

二、企业项目化管理战略层

CNC 公司以"一个目标、五个战略、三个作用、四个跨越"为核心战略框架。该战略框架的宗旨在于确立公司作为国际一流能源公司的地位，并在此基础上拓展国内外市场，增强其在全球能源领域的影响力。

1. 一个目标

一个目标是"建设国际一流能源公司"。为实现此目标，CNC 公司不仅专注于国内海洋石油资源的开发，还积极进军海外市场，争取在全球能源行业中占据更加重要的地位。

2. 五个战略

五个战略是：

（1）创新驱动。CNC 公司深知科技进步对能源行业的重要性，不断加大研发投入力度，致力于掌握核心技术和自主知识产权，提升自身核心竞争力。

（2）国际化发展。CNC 公司积极拓展国际业务，寻求在全球市场中实现增长。

（3）绿色低碳。CNC 公司十分注重可持续发展，积极推动清洁能源和环保技术的应用。

（4）市场引领。CNC 公司通过市场导向和精准定位，保持市场竞争力。

（5）人才兴企。CNC 公司重视人才培养和引进，将人才视为公司的核心竞争力。

3. 三个作用

（1）保障国家能源安全。CNC 公司通过稳定的能源供应，支持国家经济发展。

（2）推动经济社会发展。CNC 公司通过能源开发和供应，为国家经济社会发展注入动力。

（3）实施"走出去"战略。CNC 公司积极参与国际能源合作，推动国际能源合作新秩序的建立。

4. 四个跨越

（1）从常规油气到非常规油气的跨越。CNC 公司开发非常规油气资源，拓宽能源供应来源渠道。

（2）从海上油气到陆地油气的跨越。CNC 公司业务范围除了海上开发，还涉及陆地油气资源的勘探与开发。

（3）从国内发展到国际发展的跨越。CNC 公司将业务拓展至全球，实现国际化经营。

（4）从传统管理到数字化智能管理的跨越。CNC 公司不断推动管理模式革新，实现数字化转型和智能化管理。

这一发展思路是该公司综合性的战略规划，旨在引导公司在未来发展中实现全面升级，持续创新和变革，达成企业的长远目标并为社会可持续发展做出贡献。

三、企业项目化管理执行层

CNC 公司依据企业的战略目标，对企业内的所有项目统筹管理，平衡多项目之间的关系，确保项目利益服从企业利益，以实现企业价值最大化，最终确保企业的可持续发展。

CNC 公司企业项目化管理实施主要涵盖项目的优选、资源的优化配置、多项目的全生命周期管理 3 个方面。通过项目优选确定项目优先级、通过资源共享及优化配置实现资源高效利用、通过多项目的全生命周期管理实现对多项目各个阶段的全方位把控。

1. 项目的优选

项目的优选就是通过建立项目评价指标，运用先进的项目评价方法，对项目进行优选和组合。通过项目的优选和组合，更有效地实施优势项目，并通过项目组合管理实现项目的统筹协调及组织价值的最大化。

CNC 公司指定项目管理部负责平衡和协调组织内部各个区域项目组的资源，以及资源在多个区域项目组中的分配。一家企业希望开展的项目并不总是它有能力完成的项目，企业对项目数量和种类的承受能力受限于企业所拥有的资源及其质量。通常一家企业希望能够同时推进多个项目，但是由于受到某些限制，企业不得不对其同时执行的众多项目进行优先排序，进而选择执行项目，以此确保所选项目的科学性，以及项目实施的可行性与有效性。可以说，项目优选是项目实施的前提，而正确的优选源于科学的项目评价。

在选择评价方法时，应契合综合评价对象和综合评价任务的要求，根据现有资源状况，做出科学的选择。也就是说，评价方法的选取主要取决于评价者自身的目的和被评价事物的特点。

根据项目评价目的，选取合适的评价方法十分关键。目前国内外提出的综合评价方法已多达几十种，常用的有 Delphi 法、主成分分析法、因子分析法、层次分析法、模糊综合评价法、数据包络分析法、人工神经网络评价法、灰色综合评价法等，按这些方法本身的特点，在评价工作中可以将其分成 4 类：多指标综合评价方法、指数法及经济分析法、数学方法和基于计算机技术的方法，详见附表 2-1。

附表 2-1　评价方法分类

序号	类别	方法
1	多指标综合评价方法	多因素加权平均法
		逻辑选择法
		优选法
		两两比较法
		约束法
		线性分配法
		综合评分法
		Delphi 法
2	指数法及经济分析法	指数法
		线性分配法
		费用效益分析
		生产函数法
3	数学方法	运筹学方法（数学规划、层次分析 AHP、数据包络分析、排队论等）
		数学统计法（多元统计分析、回归分析、相关系数检验法、熵测法、Ridit 分析等）
		模糊数学理论（模糊评判、灰色聚类、灰色关联分析、灰色局势决策法、灰色层次评）
		物元分析（物元神经网络、可拓聚类分析、模糊灰色物元等）
4	基于计算机技术的方法	人工神经网络
		计算机仿真
		专家系统
		系统动力学

2. 资源的共享及优化配置

在多项目环境下，资源的共享及优化配置旨在建立多项目环境下资源共享及优化配置的手段和方法，其中关键链法是实现资源优化配置的目标的主要途径。

资源的高效共享和优化配置是企业项目化管理模式的一项重要目标，不同项目在资金、设备、人力等资源方面存在共享与竞争，多项目间的资源分配问题已成为企业项目管理人员必须解决的核心问题，其解决是否到位关系到各项目的成败。多项目管理的核心任务在于协调各项目的完成进度，而协调的关键在于对有限资源的合理分配。基于关键链技术的多项目管理方法已取得成功，不仅缩短了工期，还在一定程度上缓解了资源分配的难题。

随着 CNC 公司任务日趋项目化，越来越多的任务采用项目化处理方法，以应对外部环境的快速变化。

当今社会，越来越多的企业面临多项目管理的挑战，在多项目并行实施过程中，各项目之间在资金、时间、人力等资源方面存在既共享又竞争的关系，多项目间资源配置是否合理，直接影响各项目的进度和完工质量，关系着各项目成败。因此，如何优化资源在多项目间的配置，确保企业内部各项目的有效实施，是企业项目化管理模式下，多项目管理正在面临和必须解决的核心问题。

多项目管理并行下的企业中，内部资源调动更加频繁和复杂，这导致企业内部部门间的冲突和协调更趋复杂。不同的组织结构，其资源配置效率和资源共享程度亦有很大差别，多项目的并发进行对组织结构在资源配置效率和资源共享程度方面提出了更高的要求。当前，企业组织结构在多项目资源配置中主要面临以下问题：

（1）部门间不同资源的协调问题。在传统的职能型组织中，资源分配和信息传递都是以部门为单位，部门之间容易产生目标不一致、工作不协调，从而影响整个企业效益的最大化。员工一般具备与职能相关的专业知识，他们讨论和关注的是与职能相关的某种技能和方法，部门内部往往有特定的专业术语，从而导致部门与外部环境和其他部门产生隔阂，造成组织内部的沟通障碍和部门之间的协作困难。部门之间不同资源的协调问题，导致任务脱节冲突、部门互相扯皮的现象频发，资源不能充分发挥效用，降低了资源效能。

（2）职能部门与项目部门的协调问题。在单项目管理中，项目部门与职能部门之间就存在协调问题，多个项目的并行使这一矛盾变得更为复杂。各职能部门围绕单一项目开展工作时，目标比较一致，关系也容易处理。但在多项目并发的情况下，各个职能部门要同时面对多个项目，这就涉及优先为哪个项目服务的问题，可能导致职能部门与项目部门之间责任推诿和矛盾深化。

（3）项目之间资源短缺与资源浪费并存。在企业内部，多个项目同时进行时，就必然会引发某类资源相对紧缺的问题。为争夺资源，各项目组可能会设法留存已获取的资源，导致其他项目小组无资源可用。另外，部分项目经理出于自身利益考虑，在资源配置时并非考虑充分发挥企业资源的效用，而是想方设法囤积资源，使得资源不能充分发挥效用甚至被闲置，导致企业现有资源被极大浪费。

（4）项目经理和职能经理之间的冲突。项目经理重点关注自己管理的一个或多个项目目标的实现，为确保项目目标达成，可能与职能部门产生利益冲突，如从某些职能部门抽调更多项目人员及设备等。职能经理更偏重于本部门综合目标的实现，如为确保本部门利益，职能经理会优先将资源投向对本部门最有利的项目。

由此可见，企业项目化管理必须处理好以上这些亟待解决的问题。

传统的项目管理技术，如关键路径法（CPM）和计划评审技术（PERT）等项目进度管理工具，在处理单项目资源配置的问题上表现良好。然而，在多项目背景下，项目之间并不是孤立的，而是存在着资源竞争、工期冲突等多种联系，这些相互联系尤其是并行项目间的资源冲突加大了多项目资源配置的难度。资源共享使各项目彼此相依，一个项目的延迟会完全传导到共享资源的后续项目，使整个项目系统延期。关键路径法和计划评审技术在多项目资源配置方面整体规划能力不足，忽视了多项目资源约束的存在，在资源有限的情况下，多项目间的资源冲突导致计划与实际执行的进度之间存在较大的偏差，因此不适用于普遍存在资源冲突的多项目资源配置。

关键链项目管理（CCPM）是以约束理论（TOC）为基础。关键链是考虑任务间可能存在的相依关系（考虑工序资源冲突问题），通过资源平衡后所形成的最长路径。关键链理论认为，项目进度并不是受所有资源的影响，而是仅受部分资源的影响，前者被称为瓶颈资源（或关键资源），后者被称为非瓶颈资源（或非关键资源）。关键资源上的工序称为关键工序，非关键资源上的工序称为非关键工序。显然，项目进度取决于关键资源的利用情况，关键资源利用率越高，项目完成进度就越快；相

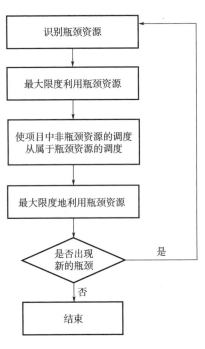

附图 2-1 约束理论应用五步骤

反，关键工序延迟一天完成，整个项目进度也会延误一天。可见，关键资源相当于整个项目的约束，只有不断满足关键资源约束，提高关键资源利用率，项目进度才会更快。约束理论应用五步骤见附图 2-1。

关键链法应用说明：

1）识别系统约束或瓶颈。找出限制项目工期、范围和成本的关键资源，以及发生资源限制工序之间的关系。

2）系统约束利用方法确定。用最优的方式安排工序执行顺序、分配资源，使项目工期最短。

3）非系统约束必须首先满足系统约束。通过设置缓冲，让非关键链上的工序尽量延迟开工，以此保障关键链上工序的顺利进行。

4）释放系统约束。当关键工序约束不能被满足时，可通过增加关键资源或者调整工序间的依赖关系，释放系统约束。

若通过以上4步解决了该系统约束，则再次从第1步开始进行循环执行，直到没有系统约束。

3. 多项目的全生命周期管理

多个项目并行运作，不断叠加实施，前后不同项目之间实现无缝对接。从设计到应用再到生产，应确保流程的完整性，加强各个环节之间的有效衔接，形成组织过程资产并加以循环利用，持续改进，形成管理闭环。

当组织面临多项目挑战时，需要根据自身的战略目标，从竞争环境中选择若干个拟实施的项目，确定它们的实施顺序，组建项目团队，为项目开展提供相应的支持保障，并对多项目的实施过程进行计划、组织、协调、控制、指挥、创新、考核和检查。为了顺利推进多项目实施，实现组织既定的战略目标，需要运用多项目的理论和方法。实践表明，基于项目全生命周期开展项目管理是项目取得成功的基本前提。

与单个项目的生命周期不同，多项目的全生命周期管理是从组织的整体战略目标出发选择和评估项目，并对组织所拥有的资源进行优化配置。随后，进入项目实施阶段，对多项目实施动态管理，直至通过多个项目的完成实现公司战略目标。

简单地说，多项目管理的过程是"对点子筛选和管理的过程"。多项目管理的生命周期分为 3 个主要阶段，如附图 2-2 所示。

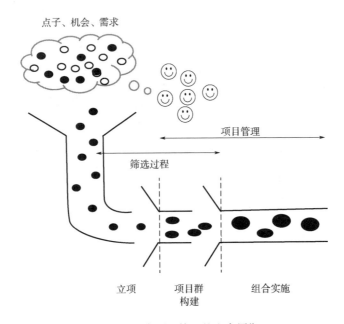

附图 2-2　多项目管理的生命周期

（1）立项阶段。识别需求和机会，选择项目进行组合。

（2）项目群构建阶段。分解目标构建实施层。

（3）组合实施阶段。计划并执行项目。

四、企业项目化管理支撑层

1. 组织支撑

CNC 公司为加强对公司项目的集中管理，成立了项目管理部，负责统一组织、统筹管理、资源共享、优化配置，实行企业项目化管理模式。组织结构的构建是企业项目化运营模式高效运行的基础，企业应根据项目特点，建立企业项目化组织结构。首先，对组织结构的组成和内部关系进行阐述；其次，对组织结构做进一步的职能分解；然后，描述组织结构的运作流程；最后，设置组织结构的配套管理体系及沟通协调机制。通过合理设置组织结构，企业得以按照项目化模式实现合理高效的运作。

CNC 公司多个项目同时进行，在这样的组织中，项目组织结构和企业组织结构并存。项目组织是由企业组建的，作为企业组织的有机组成部分，项目组织以企业组织为其母体。项目的组织形式与企业的组织形式之间有着密切的联系，只有两者相适配，项目才能高效进行，企业也才能顺利达成其发展目标。CNC 公司结合石油行业项目特点，基于适用性、扁平化、连续性、分权授权的组织设计原则，以平衡矩阵为组织架构，设置项目管理部和区域项目组进行统筹协调。

CNC 公司的企业项目化组织结构主要由项目管理部、技术部、公共职能部门和区域项目组 4 部分构成，其中公共职能部门包括控制部、财务部、合同采办部、质量健康安全环保（QHSE）管理部和综合管理部，如附图 2-3 所示。

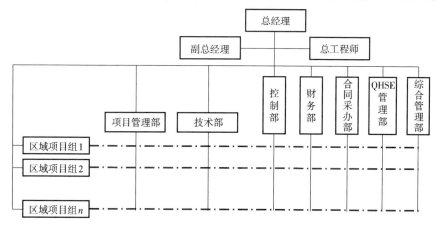

附图 2-3　CNC 公司企业项目化组织结构

在企业项目化组织结构中，各单元的角色定位如下：

（1）公共职能部门。负责对各项目的公共职能（费用、资源、财务、采办、质量、HSE 及行政等业务）实施统筹管理。

（2）技术部。负责设计管理工作，为区域项目组提供技术支持。

（3）区域项目组。负责技术实施、方案实施、现场协调等专业管理工作。为推进项目的实施，按照新立项项目的特点、要求和项目所在区域，由项目管理部牵头将项目任务下达项目所在区域的项目组，明确项目团队成员等。公共职能部门向区域项目组派出人员（也称为"节点人员"），为区域项目组提供职能工作支持和业务指导。技术部向区域项目组派出设计专业工程师，为区域项目组提供技术支持。区域项目组中的工程作业人员参与负责项目的建造、安装及调试管理工作。

（4）项目管理部。对公共职能部门、区域项目组进行统筹和协调。

2. 流程和制度支撑

CNC 公司企业项目化管理流程和制度包括多项目管理流程和制度、单项目管理流程和制度。

多项目管理流程和制度的重点在于项目组合的选择流程和制度、项目资源共享和调配流程和制度、多项目生命周期管理制度等。多项目的具体的实施最终落实到单项目管理的流程和制度。

单项目管理流程分为 7 个阶段，每个阶段包含若干个关键活动。此外，为保障项目化管理主流程的执行，CNC 公司还建立了 10 多项配套的管理制度。单项目管理具体流程阶段如下：

（1）项目立项阶段

1）任命项目经理、组建项目组。

2）编写项目章程和初步项目管理计划。

3）立项申请的提出及审查。

4）分配项目编号，建立项目账户。

5）召开项目立项会议。

（2）项目计划阶段

1）根据项目整体规划进一步编制项目计划——项目实施策略。项目实施策略的编制由工程建设中心的各部门协作完成，主要包括项目概况、项目管理目标和项目管理策略等。

2）项目管理目标包括项目管理总体目标、项目进度管理目标、项目费用管理目标、项目质量管理目标、项目 HSE 管理目标和项目风险管理目标。

3）项目管理实施策略包括项目主要风险和挑战、项目组组建总体原则和主要职责、项目设计管理策略、项目发包管理策略、项目进度管理策略（项目总进度计划）、项目费用管理策略、项目质量管理策略、项目 HSE 管理策略，以及项目风险管理策略。

为适应企业项目化管理需要，CNC 公司建立了相应的配套流程和管理制度，见附表 2-2。

附表 2-2　CNC 公司企业项目化管理配套流程和管理制度

序号	模块名称	主要活动	配套制度
1	项目选择与评价	■项目选择流程和制度 ■项目评价标准	
2	资源共享和调配	■项目资源调配流程和制度 ■项目资源共享原则	
3	多项目生命周期管理	■多项目生命周期划分原则和流程 ■多项目生命周期类型	

（续）

序号	模块名称	主要活动	配套制度
4	项目立项阶段	■任命项目经理、组建项目组 ■编写项目章程和初步项目管理计划 ■立项申请的提出及审查 ■分配项目编号，建立项目账户 ■召开项目立项会议	
5	项目计划阶段	■根据项目整体规划进一步编制项目计划-项目实施策略 ■项目管理目标包括项目管理总体目标、项目进度管理目标、项目费用管理目标、项目质量管理目标等 ■项目管理实施策略包括项目主要风险和挑战、项目组组建总体原则和主要职责等	科技管理制度 合同采购管理制度 QHSE管理制度 风险管理制度 内控管理制度 财务管理制度 行政管理制度 人力资源管理制度 信息化管理制度 档案管理制度 合规管理制度 其他制度
6	项目启动及招标阶段	■项目启动 ■招投标	
7	项目设计和采办阶段	■项目设计流程 ■项目采办流程	
8	项目实施阶段	■乙方的职责 ■区域项目经理的职责 ■项目管理部的职责 ■技术部的职责 ■控制部的职责 ■QHSE部的职责 ■信息采集人员的职责	
9	项目竣工验收阶段	■项目验收 ■项目后评分	
10	项目文件管理和归档阶段	■按阶段归档 ■归档审核 ■文件分类 ■卷内文件编号排序	

3. 人才队伍建设支撑

企业项目化管理充分发挥员工培训在人才队伍建设中的基础性作用，依据员工培训的相关理论，结合行业的实际情况，建立并完善员工培训管理体系。规范培训流程，明确各部门对培训的职责，监督培训，评估和反馈培训效果，以达到提高员工工作技能、提升中心整体绩效的目的。CNC公司的人才队伍建设重点有两部分：一是人才队伍的培训；二是团队成员的激励。

（1）建立并完善培训课程体系。培训课程涵盖各个专业和类型，包括管理培训、专业培训、取证培训，以及其他需要进行的特殊培训。将企业内部所有岗位的员工纳入培训范围，扩大培训覆盖率，提高员工的专业化程度，使各个岗位的员工工作效率和效果得到提升。

根据不同培训对象，将培训内容分为中高层管理者培训和普通员工培训。中高层管理者培训内容以组织、计划、管理、控制、协调为主，教授管理工具和管理方法，如项目管理、计划管理、协调沟通技巧和非人力资源的人力资源管理等内容。普通员工培训主要是专业培训、技术职能培训和管理工具培训，如设计管理方法培训、EDIS系统使用培训等。培训的方式有"传帮带"培训、讨论会、角色扮演培训、案例分析和视频培训等。

具体的培训内容包括：

1）项目管理知识。PMP、工程管理、管理文化。

2）专业知识。各职能部门所培训专业知识不同，具体如下：

①QHSE部。安全管理、安全法规、内训师。

②合同采办部。招投标、采办管理、招标法律法规、ERP、海上设施相关、采办业务信息系统、进出口业务等。

③综合管理部。行政认识公文管理技能。

④项目管理部。油气开发、生产管理、安全管理、质量、非专业财务、防爆电器、安全生产法。

⑤技术部。公司内部技术讲座、大型组块付托安装、建造管理案例。

⑥计划财务部。造价、审查、竣工决算、合同、费控、挣值管理、Project 的项目管理、桶油成本、建造管理案例、工程船舶及海上安装等。

3）办公技能。新闻报道、文档写作、论文写作、Office 办公套件。

4）团队建设。团队拓展、沟通协调。

5）信息系统。EDIS 数据库应用操作、SAP 系统。

6）其他。英语、健康、保密知识、保险、医疗保险、社会保险政策、住房补贴管理。

（2）员工激励。CNC 公司综合了多种员工激励的一般理论，结合公司实际情况，明确了员工激励的指导性原则，形成了多种激励手段相结合的员工激励体系。

员工激励主要遵循以下原则：

1）以业绩为基准，明确奖励标准。严格按照考核评价体系对员工的日常工作状况和对企业的贡献进行评价，将考核评价的结果作为奖励的基本依据，明确不同等级的考核结果对应的奖金或其他物质奖励的标准，创造公平、公正的环境，激发员工工作热情和为企业做贡献的积极性。

2）功过分开，奖惩并举。对于在工作过程中所做出的贡献和努力的员工，给予充分的肯定，通过奖励的方式进行表扬和宣传。对于在工作中出现过失和错误的员工，要及时纠正，采取合规方式进行惩戒，同时应注意不能打击员工的工作积极性。奖励和惩罚的手段同时施行，对员工进行正确积极的诱导，使之时刻保持自我约束和控制，提高工作的效率和效果。

3）物质奖励与精神激励并重。充分调动企业不同层级员工的自我需求，兼顾物质奖励和精神奖励的授予。不同年龄段和不同家庭经济情况的企业员工关注的奖励类型并不相同，因此要充分发挥层次需求理论在员工激励中的指导性作用，全面考虑员工的实际情况，妥善做好不同层级员工的奖励措施。

按照以上原则，对员工的表现进行公平合理的奖励或惩罚。奖励的内容主要包括以下几个方面：

●年终奖金。年终奖金是各行各业最为通用的奖励方式。即根据员工的年终绩效考核结果，结合明确的奖励办法，进行合理的奖金奖励。这种方式对于大多数员工是十分奏效的激励方式，有助于提高员工（尤其是年轻员工）的工作积极性。

●通报表扬。对于员工来说，企业和同事的认可是提高其工作热情和积极性的重要因素。通过通报表扬或表彰大会的方式，在企业内部传播受奖者的事迹，不仅能够激励员工，还能弘扬典范、树立典型、激发正能量。

●扩展职场上升通道。"不想当将军的士兵不是好士兵"，每一名员工都希望能够站在更大的舞台发挥自己的作用。职业发展通道狭窄往往会打击员工对未来发展的信心，影响他们的工作积极性，导致工作效率低下、命令执行力差等一系列问题，最终影响人才培养和企业的长远发展。因此，建立明确的、宽广的职业发展通道是不可或缺的举措之一。企业项目化管理将企业的员工发展规范化、制度化，为每一名企业员工搭建宽广的晋升道路。

不同的员工会根据自身的天赋、动机和能力对自己的职业发展做出不同的规划，通常会在自己有兴趣的岗位发挥更大的作用。根据员工的工作类型，项目管理部为员工提供了两条不同的晋升通道，如附图2-4所示。

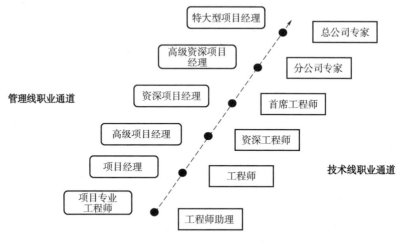

附图2-4　项目成员晋升通道

• 技术线职业通道。员工根据自身擅长的技术能力或特定的职能进行培训、规划和发展。

公司提供的技术线职业通道是：工程师助理→工程师→资深工程师→首席工程师→分公司专家→总公司专家。

• 管理线职业通道。管理职能型人才的职业发展路线是沿着公司的管理阶梯不断攀升，直到承担重要责任的管理职位。

公司提供的管理线职业通道是：项目专业工程师→项目经理→高级项目经理→资深项目经理→高级资深项目经理→特大型项目经理。

参考文献

［1］Project Management Institute. 过程组：实践指南［M］. 北京：电子工业出版社，2024.

［2］丁涛，王梅，张涛. 驱动力：数字化时代项目管理范式［M］. 北京：机械工业出版社，2024.

［3］Project Management Institute. 项目管理知识体系指南（PMBOK®指南）：第七版［M］. 北京：电子工业出版社，2024.

［4］Project Management Institute. 职业脉搏调查（Pulse of the Profession®）［R］. 2023.

［5］刘明亮，宋跃武，张树玲，等. 信息系统项目管理师教程［M］. 4版. 北京：清华大学出版社，2023.

［6］邓方志，陈玉娉. 基于全过程管控的企业综合计划管理模式探讨［J］. 中小企业管理与科技，2023（9）：109-111.

［7］美国产品开发与管理协会. 产品经理认证（NPDP）知识体系指南（第2版）［M］. 楼政，译. 北京：电子工业出版社，2022.

［8］韩连胜. 企业项目化管理范式：企业整体管理系统解决方案［M］. 北京：机械工业出版社，2022.

［9］Project Management Institute. 项目组合管理标准（第4版）［M］. 北京：电子工业出版社，2019.

［10］Project Management Institute. 项目集管理标准（第四版）［M］. 北京：电子工业出版社，2019.

［11］宋蕊 . 企业项目化管理理论与实践［M］. 北京：中国电力出版社 . 2019.

［12］刘帅敏 . 基于国有企业综合经营计划管理的应用模式的思考［J］. 中小企业管理与科技，2019（35）：4-5.

［13］Project Management Institute. 项目管理知识体系指南（PMBOK® 指南）：第六版［M］. 北京：电子工业出版社，2018.

［14］Project Management Institute. 敏捷实践指南［M］. 北京：电子工业出版社，2018.

［15］高月 . 实施全面计划管理，控制企业经营风险［J］. 现代国企研究，2018（8）：54-55.

［16］黄卫伟 . 价值为纲：华为公司财经管理纲要［M］. 北京：中信出版社，2017.

［17］袁光宇，余建星，黄业华，等 . 公司化的项目管理：中国海洋石油领域工程建设典型改革理论与实践［M］. 天津：天津大学出版社，2016.

［18］申凌云 . 可操作的企业项目化管理解决方案［J］. 项目管理技术，2015，13（10）：30-33.

［19］万顺江 . 大型企业综合计划管理体系研究［J］. 铁路采购与物流，2013（5）：63-64.

［20］李雯 . 浅论企业如何加强全面计划管理［J］. 中国商贸，2011（12）：98-99.

［21］李文，李丹，蔡金勇 . 企业项目化管理实践［M］. 北京：机械工业出版社，2010.

［22］李清 . 基于 SNA 的项目群管理信息共享研究［J］. 技术经济与管理研究，2015（6）：8-12.